생태낭만주의 시대를 향하여

퍼시 셸리와 윤동주의
낭만적 저항과 생태적 비전

생태낭만주의 시대를 향하여
퍼시 셸리와 윤동주의 낭만적 저항과 생태적 비전

초판 1쇄 발행 2025년 4월 15일

지은이 정선영
펴낸이 장길수
펴낸곳 지식과감성#
출판등록 제2012-000081호

교정 정은솔
디자인 강샛별
편집 강샛별
검수 이주연, 이현
마케팅 김윤길

주소 서울시 금천구 벚꽃로298 대륭포스트타워6차 1212호
전화 070-4651-3730~4
팩스 070-4325-7006
이메일 ksbookup@naver.com
홈페이지 www.knsbookup.com

ISBN 979-11-392-2532-7(93800)
값 13,000원

- 이 책의 판권은 지은이에게 있습니다.
- 이 책 내용의 전부 또는 일부를 재사용하려면 반드시 지은이의 서면 동의를 받아야 합니다.
- 잘못된 책은 구입하신 곳에서 바꾸어 드립니다.

이 저서는 2020년 대한민국 교육부와 한국연구재단의 지원을 받아 수행된 연구입니다.
(NRF-2020S1A5B5A17087353)

지식과감성#
홈페이지 바로가기

생태낭만주의 시대를 향하여

퍼시 셸리와 윤동주의
낭만적 저항과 생태적 비전

정선영 지음

저자의 말

지금 생각해 보면 이 연구의 씨앗은 지금으로부터 10여 년도 훨씬 전, 대학원에 처음 입학하던 무렵 심어졌다. 그러나 시간이 꽤 흐른 지금에서야 그 씨앗이 겨우 발아한 듯하다. 아마도 그동안 나는 셸리와 윤동주라는 두 시인을 그다지 사랑하지 않았는지도 모른다.

퍼시 셸리는 지금도 국내외 문학 연구의 주변부에 머물러 있으며, 이 젊은 시인의 삶과 사상 속에서 반짝이는 현대성을 진지하게 조명하려는 시도는 이제 드물다. 윤동주는 '저항시인'이라는 익숙한 이름 속에 여전히 고정된 채, 그 너머의 가능성과 상상력이 자주 간과되고 있다.

두 시인의 생애를 병렬적으로 비교하는 것도 물론 의미 있는 작업이겠지만, 이 글은 디지털 경제가 좌우하는 포스트 휴먼 시대에도 시가 여전히 의미를 지닌다면, 그것은 시가 품고 있는 '변형의 힘(transformativity)' 때문일 것이라는 믿음에서 출발했다.

시대를 건너뛰어 두 시인을 다시 불러내는 일, 이것은 나

자신에게도 깊은 내적 전환의 작업이 되고 말았다. 결국, 연구의 단초는 오래전 주어졌고 교육부의 연구비 지원이 있었음에도 팬데믹과 사회적 고립, 개인적인 상실감 속에서 나는 꽤 오래 침묵했다. 인간으로서의 고통과 고독, 회복의 여정을 '삶'이라는 흐름으로 지나는 동안 이 연구도 조금씩 정리되고 있었다.

무엇보다도 이 글을 세상에 내기 전 나는, 평생 셸리를 연구하시며, 윤동주의 시를 영어로 거의 처음 옮기신 연구자인 스승을 잃었다. 그분은 한때 이렇게 말씀하셨다. "셸리는 너무 난해해서 아무도 연구하지 않기에 내가 공부를 시작했지." 이제 그분의 셸리 연구는 중단되었지만 부족한 이 연구를 통해 조심스레 다음 장을 맞게 되었다고 생각하고 싶다.

윤동주 탄생 100주년을 즈음하여, 마침 스승은 출판사의 부탁으로 이전에 영역하신 윤동주의 시를 다시 출간하게 되셨다. 그해 파도처럼 쏟아지던 출판물의 물결 속에서도, 스승의 번역은 '동주'에 대한 진심과 존경이 고요히 담긴 느낌이었다. 나는 이 연구의 결과를 스승께 바친다. 그리고 그 스승의 좋은 친구분들, 동료분들, 특히 '7인의 어벤저스'분들께 기념과 기억이 되면 좋겠다. 누가 될까 성함을 언급하지는 못한다. 늦게나마 인사드린다.

이 글이 조금이라도 의미를 가진다면, 그것은 연구의 영감을 주신 스승님, 그리고 기회를 마련해 준 교육부와 한국연구재단, 비교문학 분야의 심사위원들 덕분이다. 가은과 유빈의 응원에 고맙고 나도 그들을 응원한다. 여전히 미완성인 이 작업의 부족함은 오롯이 나의 몫이다.

2025년 2월 정선영

목차

저자의 말   4

I
서론

1. 연구의 목적 및 의의   12
2. 생태적 저항과 이상향의 개념   25
3. 퍼시 비시 셸리와 윤동주 비교 연구 필요성   29

II
퍼시 비시 셸리의 생태적 저항과 이상향

1. 자연에 대한 낭만주의적 시각   62
2. 산업혁명과 문명 비판: 자연 회복의 이상   92
3. 혁명적 자연관:
　『서풍의 노래』와 『오지만디아스(Ozymandias)』   94

III
윤동주의 생태적 저항과 이상향

1. 식민지 현실과 자연에 대한 인식   102
2. 『하늘과 바람과 별과 시』 속의 생태적 감수성   104
3. 저항과 순수성의 공존: 자연을 통한 내적 이상 추구 107

IV
두 시인의 생태적 저항과 이상향의 비교

1. 문학적 배경과 시대적 차이   114
2. 자연과 인간의 관계에 대한 인식 비교   116
3. 시적 언어와 상징을 통한 생태적 메시지   124

V
결론

1. 생태적 저항과 이상향의 문학적 의미   139
2. 현대 생태문학과의 연계 가능성   141
3. 지속 가능한 사회를 위한 시적 상상력   142

나가는 글: 144
생태낭만주의 시대를 향하여
— 퍼시 셸리와 윤동주의 낭만적 저항과 생태적 비전

참고문헌   148

I
서론

1.
연구의 목적 및 의의

현대 사회는 기후 위기, 환경오염, 생태계 파괴 등 다양한 환경 문제에 직면해 있으며, 이에 따라 문학 속 자연의 의미와 역할에 대한 연구가 더욱 중요해지고 있다. 시문학에서 자연은 단순한 배경이 아니라 인간과 세계를 연결하는 중요한 매개체로 작용하며, 저항과 이상을 표현하는 도구가 되어 왔다.

이 책은 작품 해석의 난해함과 모호성을 과제로 남긴 퍼시 셸리(Percy B. Shelley, 1792-1822)와 사후에 발간된 시집과 삶의 행적으로 한국을 대표하는 시인이 된 윤동주(尹東柱, 1917-1945)의 생애와 시(론) 사이에 비교적 높은 유사성이 발견된다는 점에서 착안하였다. 시간적, 공간적 간극을 넘어 두 시인은 세계사와 한국사에서 유례없는 변화와 저항의 시대를 살았다. 두 시인이 경험한 격변기의 정서적 혼란은 초월적이며 우주적 차원의 사유, 이상향의 추구 등으로 형상화되었다. 이 책에서는 셸리와 윤동주 시의 대주제인 자아의식의 탐구와 주체적 의지의 발현이 낭만적 저항성으로 수렴될 수 있다는 사실을 탐구한다. 이는 곧 오늘날의 생태적 비전의 양상이라는 점을 증명하고, 그 생태적 함의와 문학적 가치를 낭만주의 시대부터 생태비평까지를 포괄하는 생태낭만주의로 해석하고 고찰한다.

셸리는 영국 낭만주의의 대표 시인으로 「몽블랑」(Mont Blanc, 1816), 「종달새에게」(To a Skylark, 1820) 등의 서정시, 시론 『시의 옹호』(A Defense of Poetry, 1821), 서사시 『해방된 프로메테우스』(Prometheus Unbound, 1820) 등이 알려져 있다. 한국인이 가장 좋아하는 시인이며 1999년에 '20세기를 빛낸 한국의 예술인'에 선정된 윤동주는 「자화상」, 「서시」 등 시집 『하늘과 바람과 별과 시』의 작품 대부분이 잘 알려져 있다. 특히 2016년 이후 그 관심과 영향력은 증폭되는 상황이다.

셸리와 윤동주가 일상적 주제를 서정적으로 표현한 점, 지성인의 고뇌와 진실한 자기성찰 양상을 보인 점, 인간과 우주에 대해 깊이 사색한 점은 두 시인이 낭만적 저항성과 초월적, 생태적 사유의 특성을 공유했다는 근거가 될 수 있다. 방법론의 하나로 일종의 혁명적 성찰이기도 한 생태비평의 관점은 실존적 고뇌의 차원에서 시작하여 사회 전체, 인류 전체의 인식의 변화를 이끌 수 있는 가능성에 주목한다는 점에서 중요하다. 생태적 사유의 관점에서는 셸리와 윤동주의 생애와 시(론)도 그러한 사유의 결과로 볼 수 있다.

이 책은 실천적 의식을 지닌 문학가와 생태적 텍스트들을 발굴하려는 학문적 목표와, 장기적 관점에서 문학적 실천의

한 방법으로서 생태적 의식을 함양한 소시민을 육성하는 기반이 될 수 있다는 사회적 목표 및 비전을 염두하고 기획되었다.

연구 수행 과정 중 정리된 연구사와 선행연구는 예상보다 그 범위가 깊었고 넓었다. 단기 연구주제로 계획하였으나 현재 본 주제와 관련된 연구 분야와 작품들이 상당함을 발견할 수 있었다. 연구 수행 내용 중 연구 주제 및 내용의 확장이 필요한 부분들이 발견되었고 이 부분은 후속 연구의 과제로 삼기로 한다.

이 책은 연구 주제를 연구사의 측면에서 검증하기 위하여 전문 학술지 정보와 자료를 우선적으로 파악하였다. 셸리의 전체 저작에 대한 검토에 시일이 걸릴 것으로 예상하고, 원문 확보는 대학의 도서관 등에 고문서와 보존자료실 자료의 대출 및 도서 구매를 통하되, 구텐베르크 프로젝트의 자료의 활용도 검토하였다. 두 시인의 낭만성, 저항성, 생태성의 면밀한 검증을 위한 이론적 연구는 문학사의 측면에서 영국문학사, 생태문학사, 사회개선론, 한국문학사, 낭만주의, 모더니즘, 한국생태문학사적 접근을 포함하고 주요 자료들은 모두 확인하였지만 이 책에서 관련 내용은 언급하지 않는다.

윤동주의 경우 학술적 연구보다 대중적 인기에 의한 출판물과 저작물이 많았고 우수한 연구 자료를 선별하기 위하여 우선적으로 검토할 자료는 1차 저작물 외에 『윤동주 평전』

으로 발간된 평전들과 문익환, 박치우 등의 사료 및 자료, 논문(집) 등이었다.[1]

한편, 1990년대에는 생태의식이나 생태학적 상상력에 대한 논의들이 담론의 한 주류를 형성했으며, 1990년대 후반부터 2000년 전후, 생태문학의 범위와 유형에 대한 논의가 활발해지고 생태비평에 대한 문학계의 관심이 확대되었다. 우찬제, 김원중, 신두호, 김욱동, 김종욱 등이 생태학적 상상력, 불교적 관점 등으로 생태문학에 대한 저서들을 발간한 것도 이 시기 전후부터이다.[2]

특히 생태시 분야에서는 그 근원을 이미 낭만주의에서 찾는 시도를 해 왔다. 베이트(Jonathan Bate)의 『낭만적 생

---

[1] 윤동주의 1차 저작물 외에 생애에 관한 사료집은 중요하다. 송우혜, 『윤동주 평전』, 서정시학, 2014. 역사학자가 집필한 윤동주 평전으로 잘 알려져 있고 2014년 3차 개정판을 냈다. 문익환, 「동주형의 추억」, 『하늘과 바람과 별과 시』, 정음사, 1968. 등도 가치가 있다. 이 외 주요 논문과 논집이 있다. 류양선 외, 『윤동주 시인을 기리며: 탄생 100주년 기념논집』, 창작산맥, 2017. 등 『윤동주 시인을 기리며』에는 주요 연구자들(김우종, 김영철, 김유중, 김응교, 김정신, 김지연, 남송우, 노승욱, 박민영, 송희복, 신경숙, 유성호, 윤호병, 이숭원, 이승하, 임수영, 정유화, 지현배, 최동호)이 실려 있다.

[2] 〈문학과환경학회〉는 문학과 환경 전반에 대한 학술활동을 목적으로 창립되어 국, 영문학 분야 및 학제간 연구를 중심으로 하고 있다. 김우창, 정정호, 신문수 등 국내 국, 영문학계의 주요 (생태)학자들이 회장 및 고문으로 있다. 1990년대 말~2000년대 초반의 생태문학과 관련한 주요 학술서로 문순홍, 『생태학의 담론, 담론의 생태학』, 솔, 1999., 송상용, 우찬제, 김원중, 신두호 외, 『생태문제와 인문학적 상상력』, 나남출판, 1999., 김욱동, 『시인은 숲을 지킨다』, 범우사, 2001., 『생태학적 상상력: 환경위기 시대의 문학과 문화』, 나무심는사람, 2003., 김종욱, 『불교생태철학』, 동국대학교출판부, 2004. 이후로도 주요 생태학 저서들이 지속적으로 발간되고 있다.

태학』(Romantic Ecology, 1991)을 비롯해 2012년 모튼 (Timothy Morton)의 『생태학적 사유』(The Ecological Thought)까지 낭만주의 생태시와 시인에 대한 논의들은 이어져 왔고, 국내에서 최동오, 윤준, 전세재 등도 워즈워스와 낭만주의 생태비평에 대해 깊이 논의해 왔다.[3] 셸리에 대해서는 생태학적 이상, 생태시인들의 인식과 실천 등에 주목한 연구들도 발견된다.[4]

그러나 인문학 전체에서는 생태비평, 생태시, 셸리 연구

---

[3] Jonathan Bate. Romantic Ecology: Wordsworth and the Environmental Tradition, Routledge, 1991. Timothy Morton. *The Ecological Thought*. Harvard University Press, 2012. 외 최동오의 경우 대부분의 연구들이 워즈워스 및 낭만주의 생태비평과 관련되어 있으며 깊이 있는 논의결과들이 축적되어 왔다. 이 외에도 낭만주의 생태비평 연구자 및 논문들이 있다.

[4] 낭만주의 시인들과 생태비평에 관한 최동오의 연구들은 2000년대 초반부터 최근까지 계속되고 있다. 주요 연구로 1) 「윌리엄 워즈워스의 심층생태론적 상상력에 관한 연구」, 『현대영미어문학』 23(3), 현대영미어문학회, 2005. pp.33~51. 2) "William Wordsworth and the Humankind/Nature Relation: An Ecocritical Introduction", 『현대영어영문학』 55(2), 한국현대영어영문학회, 2011. pp.229~250. 3) 「낭만시와 박물학적 상상력」, 『인문학연구』 38(2), 인문과학연구소, 2011. pp.119~138. 4) 「낭만주의 생태비평 연구」, 『인문학연구』 48(2), 인문과학연구소, 2014. pp.291~312. 5) 「낭만주의 생태비평과 코울리지의 자연의 비전」, 『인문학연구』 50(4), 인문과학연구소, 2014. pp.411~431. 6) 「워즈워스와 생태비평」, 『현대영어영문학』 63(2), 한국현대영어영문학회, 2019. pp.153~169. 등이 있다. 양승갑. 「셸리의 생태학적 이상」, 『영어영문학』 49(1), 한국영어영문학회, 2003. pp.75~99. 김천봉. 『셸리 시의 생태학적 전망』, 한국학술정보, 2006. 정선영. 「생태적 사상가로서의 시인의 책무 - 셸리의 『시의 옹호』와 스나이더의 『우주의 한 마을』을 중심으로」, 『문학과환경』 11(2), 문학과환경학회, 2012. pp.131~163. 『셸리, 제퍼스, 스나이더의 생태적 인식과 실천』, 전남대학교박사학위 논문, 2016.

는 여전히 적다. 국내의 관련 박사논문은 1990년대 말부터 2009년까지 20여 년간 총 11건, 2016년에 1건으로 파악되는데, 대부분 셸리를 혁명적 낭만주의자이자 사회개선론자로 보았고 생태시인으로 평가하는 성과도 소수 있다.[5] 학술연구로는 현재까지 축적된 전체 논문 중 선별한 주요 논문 40여 편을 일명 '셸리 연구'로 통칭하기에는 무리가 있다.[6] 작품 해석의 난해함의 문제는 차치하더라도 짧은 생애에도 불구하고 셸리가 적지 않은 작품을 남긴 사실에 비해 국내 연구가 대부분 「몽블랑」, 『첸치』, 『해방된 프로메테우스』 등 대표작과 시, 작품 일부, 또는 정치성향에 주목하여 '혁명', '개선'의 키워드를 제목에 포함하고 있다.

이 중, 생태시인으로서 셸리의 가치에 초점을 둔 3편의 연구는 생태적 인식의 양상을 증명하고자 한 공통점이 있었고, 『시의 옹호』를 다룬 민병천의 「공화주의 사상의 변용적 계승으로서의 낭만주의 시론」을 비롯해 『삶의 개선 행렬』

---

[5] 박사논문 주제로 셸리 연구는 1990년대를 전후해 2010년까지 이풍우(1989), 박양애(1995), 양승갑(1997), 이일재(2001), 임보경(2002), 전웅주(2003), 정남진(2003), 김천봉(2005), 김명순(2008), 박경화(2009), 박현경(2009)이며 1건은 학위논문 정보 입력 오류로 확인되었다(석사학위를 박사로 입력). 2010년 이후는 총 1건으로 정선영(2016, 일부)이다(RISS 기준, 2020. 05. 현재).

[6] 두 시인 이상을 비교 연구한 논문 포함, 학위논문 제외. 영문학 분야에 포함되지는 않으나, 일제 강점기 혁명적 낭만주의에 대한 연구논문이 있다. 박호영. 「일제 강점기 혁명적 낭만주의 이입 연구-바이런과 셸리를 중심으로」, 『한중인문학연구』, 한중인문학회 (28), 2009. pp.19~38. 참고.

과 「자연식의 옹호」를 다룬 몇 건의 성과들이 눈에 띄었다.[7] 그리고 최근 5년간의 연구가 이전 30여 년 총 연구수의 약 30%에 해당하는 점에서는 셸리 연구의 필요성을 읽어 낼 수 있었다.

결국, 윤동주에 관해서는 학위논문 등으로 상당한 결과들이 축적되어 왔고[8], 주요 키워드는 순수와 저항, 실존의식, 자아인식, 기독교 사상, 슬픔(비극) 인식, 상상력(기독교적 사상 포함), '별', '길' 등 시어의 이미지, 윤리적 주체의식, 디아스포라적 특징, 동시대 시인들과의 비교 연구, 기타 교육적 함의 등이었다.

그런데 자세히 보면 윤동주 연구논문의 실제 수는 약 300여 편 남짓으로 학술연구 결과가 예상외로 적다는 사실을

---

7) 민병천, 「공화주의 사상의 변용적 계승으로서의 낭만주의 시론: 셸리의 『시의 옹호』를 중심으로」, 『18세기영문학』 13(2), 한국18세기영문학회, 2016, pp.1~30. 장성현, 「셸리의 프로메테우스적 언어: 혁명, 사랑, 상상력의 언어」, 『19세기 영어권 문학』, 21(2), 19세기영어권문학회, 2017, pp.81~111. 박경화, 「셸리의 「자연식의 옹호」: 채식주의와 사회 개선과의 상관관계」, 『영어영문학연구』, 45(1), 대한영어영문학회, 2019, pp.41~64. 「셸리의 「무질서의 가면」: 노동자의 온전한 권리회복을 위한 비폭력 저항」, 『영어영문학연구』 45(3), 영어영문학연구, 2019, pp.41~68.

8) 2020년 5월 현재, 최근 10년 사이 학위논문은 2020(5), 2019(12), 2018(13), 2017(18), 2016(13), 2015(14), 2014(12), 2013(9), 2012(12), 2011(16)로, 거의 꾸준한 양상을 보여 주고 있다. 이는 1973년부터 2010년까지의 평균편수와 비교했을 때 2배 이상 상승한 것이다. 해외박사논문으로 이명언이 1991년 윤동주와 김현승의 시에 관한 성서적 함의에 대한 분석을 포함한 사례가 있다. 국내 학위논문은 1990년대 이후 매년 평균 10편 이상이다(한국학술연구정보서비스 통계, 검색키워드로 윤동주, Yun Dongju, Yun Dong-ju, Dongju Yun, Dong-ju Yun 포함).

발견한다.[9] 그중 약 20%가 2017년과 2018년에 집중되었는데 이것은 1948년 초판본 시집이 발간된 이후 지속된 대중적 인기와 관심에 비해 많은 편은 아니다. 탄생 100주년 쯤인 2016년 전후부터 윤동주에 대한 관심의 영역은 확장되었고 이 시기 이후 윤동주의 시와 생애에 주목한 논문과 문화콘텐츠들이 대거 산출되었다. 최근 5~7년 이내 (재)출간된 윤동주 관련 도서가 유통 중인 윤동주 관련 도서 전체의 76%에 이르며, 시집 240여 종 중 176종이 2016년 이후 (재)출간되었다.[10] 여전한 것은 학술연구뿐 아니라 대중서적들의 경우도 윤동주 연구의 초기였던 1970년대와 마찬가지로 실존, 종교, 저항, 자아, 교육적 접근에 초점을 둔다는 사실이다.

윤동주는 대부분 시대의 저항정신이라는 관점에서 다루어진 양상이었고, 윤동주 시의 생태의식에 대한 논의를 일부 포함한 유일한 연구로 손민달의 「1940년대 시에 나타난 전

---

[9] 학위논문으로 윤동주를 다룬 경향과는 다른 양상을 보인다. KCI, 인문학 분야 기준 350여 편 중 제목과 내용에서 윤동주의 생애나 시(론)를 전반적으로 다룬 작품을 선별한 후, 이 중 본문에서 비교를 위한 일부 인용만 있는 경우는 제외하고 재산출한 통계이다.

[10] 최근 기준은 2015. 1. 1.~2021. 12. 대부분 『하늘과 바람과 별과 시』가 제목이고 다른 제목과 형태로도 최소 시집 240여 종, 학생용 전집 12종, 청소년용 문고 창작서 23종, 역사서 2종, 인물명전 총서 시리즈 등으로 인문분야 3종, 대학교재 및 에세이 14종 등이 발간되었고 2021년과 22년 사이에도 다양한 콘텐츠 및 서적류가 발간되고 있다. (예스24, 교보문고 공통. 2021. 5.~2022. 1.)

통 생태의식 연구」와[11] 한국 근대 지성사의 큰 맥락으로 윤동주를 다층적으로 연구할 필요성을 제기한 송희복(2017)과 김성연(2020) 등은 새로운 국면의 필요와 가능성을 제시한 점에서 의미 있는 연구로 볼 수 있다.[12]

결론적으로 1990년대부터 국내의 생태시 연구는 시작되었으나, 그동안 축적된 윤동주 연구 성과에서는 낭만적 저항성과 생태인식에 대한 연구는 거의 없었다. 우주적 자아, 초월적 자아에 대한 논의가 낭만주의 시대의 산물이라는 점과 생태라는 용어가 환경적 자연만을 의미하지는 않는다는 점을 상기하면 윤동주의 생태적 인식에 대한 연구로 확장되지 못하는 점은 아쉽다. 물론 이 현상은 윤동주를 생태시인

---

11) 손민달, 「1940년대 시에 나타난 전통 생태의식 연구 - 윤동주와 이육사 시를 중심으로」, 『한민족어문학』 (53), 한민족어문학회, 2008, pp.363-402.

12) 송희복, 「윤동주의 삶과 시를 보는 관점의 확대와 심화」, 『국제언어문학』 (36), 2017, pp.355-86. 김성연, 「윤동주 평전의 질료와 빈 곳 - 윤동주와 박치우의 서신, 그 새로운 사실과 전망」, 『한국시학연구』 (61), 2020, pp.9-41. 김성연은 윤동주 연구의 확장의 필요성을 주장한다. "그간 윤동주를 규정짓고자 했던 '서정시인', '저항시인', '독립운동가'라는 용어들을 보다 복합적으로 이야기할 수 있는 가능성을 타진해 보고자 한다. 윤동주를 바라보는 관점과 논쟁의 변이 자체는 한국 근현대사의 역사의 부침을 그대로 보여 주었고, 그것은 이제 향후 우리가 윤동주를 어떻게 의미화해야 할까 하는 모색의 방향성을 설정하는 반성적 토대이기도 하다. 그를 '항일저항시인'으로 획일화하는 것을 지양하고 인류 보편의 윤리적 가치와 그것으로부터 비롯된 '저항'이라는 실존적 행위로서 그의 시 쓰기를 확장시켜 이해해야 한다는 것에 대한 합의는 어느 정도 이루어진 것으로 보인다. 이러한 시점에서 윤동주를 바라보는 우리의 관점이 과거에 '사건으로서의 윤동주'에서 '사람으로서의 윤동주'로 이동했고, 이제는 '텍스트로서의 윤동주'로 나아가야 할 것"(p.15)이라고 강조한다.

으로 인정할 설득력이 약하다는 반박이 가능한데, 정지용, 김영랑, 이육사, 백석, 박용철을 비롯해 동시대 혹은 전후의 시인들에 대해서는 그 생태의식에 대한 연구가 진행된 점을 감안하면 유독 윤동주의 청년시인, 저항시인의 이미지가 정형화되어 버린 것은 아닌지 오히려 점검할 사안이다.

2020년대, 여전히 우리가 생태비평에 주목해야 하는 이유는 정체되어 있는 생태문학계의 한계와 반성 때문만은 아니다. 오히려 시대를 아우르는 인문학적 진리가 필요해 보이는 시점에서 다음의 상황과 이유들로 이 책은 더 큰 시의성을 갖는다.

우선 선행연구와 차별성이 크다는 점, 그리고 실천적 인식의 상징으로서 시인의 미래적 가치를 증명하려는 점에서 중요하다. 경제학자로 알려져 있으나 스스로를 사회생태학자라 칭했던 드러커(Peter Drucker, 1909-2005)는 수십 년 전부터 인간과 환경간의 변화와 보전 사이의 평형(equilibrium)관계의 중요성을 강조해 왔다. 마이어슨(George Myerson)이 21세기의 생태적 비전을 "미래를 위한 근대적 도약"(9)이라고 언급하고 있다. 이 책의 주제는 사회학으로서의 생태학적 위기의식과 생태적 인식의 함양이 시급한 문제라는 인식에 닿아 있다.[13] 특히 생태문학이 (더) 필요한 시대를 생태낭만주의의 시대로 예견하고 집중하여 논의하고자 한다는 점에서 문학생태계의 미래를 위한 연구이다.

또, 담론의 실천 가능성에 우선하는 장기적 과제로서 텍스트의 발굴을 넘어 생태적 비전이 실천적 사유로 향하고 있는 사례에 집중하므로 실용적 연구이기도 하다. 한국문학계에서 신철하가 높은 수준의 문학적 실천을 해 온 생태시인으로 김수영, 이문구, 김지하 등을 주목하며 문학적 실천과 '코페르니쿠스적 전회(轉回)'(475)의 필요성을 강조한 방식과도 유사하다.[14]

생태시 분야에서는 그 뿌리를 낭만주의 시대의 시인들에서 찾는 연구가 진행되어 왔는데, 시의 장르적 특성과 시인의 역할로 볼 때 시대정신을 담고 있으면서도 생태적 혜안을 지닌 시인들의 생애와 문학들은 현대인의 인식의 변화와

---

13) 생태적 비전은 모든 학문 분야의 화두이기도 하다. 피터 드러커의 『생태적 비전』(The Ecological Vision)은 가장 중요한 저서로도 평가받는다. 드러커는 작가, 생태학자로 강의, 연설, 기고문 등을 통해 생태적 비전의 중요성을 강조해 왔다. Peter Drucker. The Ecological Vision. New Brunswick, NJ and London: Transaction Publishers, 1993. George Myerson. *Ecology and End of Postmodernity*. Icon Books Ltd, London. 2001. p.9. 덧붙여 본 연구주제는 2015년 일차적으로 선행 연구를 검토하였다. 2020년 1월에도 이에 관한 연구의 사례와 성과가 없다는 사실을 확인하고 연구를 늦출 수 없다고 판단하였다. 그리고 2025년 현재에도 생태문학은 여전히 중심에서 벗어나 있다.

14) 신철하, 「한국 현대문학의 생태학적 고찰」, 『상허학보』 16, 상허학회, 2006, pp.441~476.

실천의 문제에 대한 촉매 역할로서 중요하다. 기후변화와 전염병의 위기 등으로 불안은 커지고 있으나 생태적 실천의 사례들은 여전히 소수이기 때문이다.

셸리의 극단적 주관성과 이상향에 대한 믿음은 당대보다 다음 세대인 낭만주의시인들과 예술가들에게 획기적이었던 것 같다. 셸리는 브라우닝(Robert Browning, 1812-1889)을 비롯해, 예이츠(William B. Yeats, 1865-1939)의 시, 엘가(Sir Edward Elgar, 1857-1934)의 음악 등에 영향을 주었으며『시의 옹호』는 낭만주의 문학을 대표하는 중요한 시론으로 다루어지고 있다.

윤동주도 백석, 정지용 등이 포함된『윤동주가 사랑한 시인』시리즈나 영화와 다큐멘터리 자료,「서시」와「별 헤는 밤」을 활용한 교육 자료 및 상품 등 관련 콘텐츠가 다양하다. 셸리와 윤동주의 이런 영향력과 대중성을 감안할 때 두 시인의 생애와 작품 전체를 대상으로 하는 학술적 연구가 시도되어야 한다. 특히 국내에는 2019년 타계한 블룸(Harold Bloom)과 같은 셸리 비평가는 물론 작품에 대한 학술서나 번역서도 흔치 않은 현실이다.

여기서 셸리와의 비교 연구의 대상으로 윤동주를 주목해야 하는 이유는 셸리와 윤동주의 생애와 시론 전체를 관통하는 통시적 연관성 때문이다. 윤동주는 대학에서 영문학을 전공하며 영미권의 작가와 작품을 접했다.[15] 「간」, 「서시」, 「자화상」, 「십자가」 등 대부분의 시와 「달을 쏘다」 등의 산문에서 저항성과 낭만주의적 특성이 발견된다.

시적 자아와 정체성의 문제에 주목했던 낭만주의 시인들 중, 특히 셸리는 영혼, 초월적 존재, 신화적 존재들로 형상화한 시적 자아를 통해 자신의 시론을 확립했다. 셸리와 윤동주의 생애와 시론, 낭만적 저항성의 생태적 함의와 비전에 관한 연구가 없는 점과, 활동 시기와 문화권이 다른 두 시인들에 대한 기존의 연구가 각각 다른 관점으로 시도되고 있는 최근 5년간의 연구 동향은 셸리와 윤동주를 새로운 관점에서 평가해야 하는 시대적 이유와 시의성이 충분한 증거이다.

특히 셸리의 저항 의지와 작품에 대한 연구와 논의는 수 세기 동안 진행되어 왔으나 완결되었다고 볼 수 없다. 또한 생태비평이 소위 '생태비평의 시대'로까지는 인정받지 못한 현재, 셸리와 윤동주를 보는 생태적 관점의 연구는 더 필요해진다. 이 책에서는 동서양의 대표적인 청년 시인의 이미

---

15) 일본 유학시절, 윤동주는 정지용과 같은 학교에 재학 중이었고 윤동주가 좋아하는 시인이었던 이유로 국내의 윤동주에 관한 연구에서 정지용의 영향에 대해 연구한 결과들이 많다. 이숭원, 「정지용 시가 윤동주에게 미친 영향」, 『한국시학연구』 46, 한국시학회, 2016, pp.11-36. 이승하, 「일제하 기독교 시인의 죽음의식-정지용, 윤동주의 경우」, 『어문론집』 27, 중앙어문학회, 1999, pp. 133-61. 등 참고. 백석, 정지용, 윤동주는 모두 영문학을 전공하며 낭만주의 시인들의 시를 접했고, 문학지와 『정지용 시집』 등을 펴낸 박용철은 적극적으로 영미권 시인들의 작품을 당대의 시인 및 대중들에게 소개했다. 박용철에 관한 기록 및 관련 논문 참고.

지를 고수하면서 생애와 시에서 공통적으로 저항성, 낭만성, 생태적 사유를 지닌 두 시인의 특징을 생애사의 측면, 작품별 특성, 시론 및 주제의 특성에 따라 비교함으로써 주제의 창의성을 담보하고자 시도하였다.

2.
생태적 저항과 이상향의 개념

윤동주와 셸리는 각각 한국과 영국의 문학에서 중요한 시인들이며, 그들의 작품에서는 생태적 이상향이라는 개념이 여러 방식으로 나타난다. 이들 각각의 시인의 작품 속에서 생태적 이상향을 어떻게 표현했는지에 대해 우선 정리할 필요가 있다.

생태적 저항은 자연을 단순한 배경으로 보는 시각을 넘어, 억압적인 사회 구조나 인간 중심적 사고방식에 맞서 자연이 적극적인 저항의 매개체로 작용하는 방식을 의미한다. 이는 산업화, 제국주의, 전쟁 등의 외부적 억압에 대한 반발로 나타나며, 문학에서는 자연이 혁명적 이상을 담거나 인간성과 자연의 회복을 상징하는 형태로 표현된다.

셸리는 자연을 단순한 아름다움의 대상으로 보지 않고, 인간의 자유를 위한 혁명의 상징으로 삼았다. 그의 시에서 바람, 구름, 강물 등의 자연 요소는 변화와 저항의 힘을 담고 있으며, 기존의 사회 질서를 뒤엎는 역할을 한다. 윤동주 또한 자연을 민족의 아픔과 희망이 교차하는 공간으로 사용하며, 침략과 억압의 시대 속에서 저항의 내적 기반으로 삼았다.

이상향은 인간이 추구하는 궁극적인 조화와 평화의 세계를 의미하며, 문학 속에서는 종종 자연과 연결된다. 생태적 이상향은 단순한 자연 예찬을 넘어, 인간과 자연이 조화를 이루는 세계관을 포함한다. 이는 산업화와 제국주의적 확장이 인간성과 자연을 훼손한다고 보는 비판적 시각과 맞닿아 있으며, 궁극적으로 지속 가능한 사회를 향한 대안을 제시하는 역할을 한다.

셸리의 시에서 자연은 인간의 정신을 고양시키고 억압적인 현실을 벗어나게 하는 이상적인 공간으로 묘사된다. 그는 자연을 통해 인간의 해방과 혁명의 가능성을 노래하며, 자연 속에서 새로운 사회적 질서를 꿈꾸었다. 윤동주 또한 자연을 통해 순수한 이상을 추구하며, 고통받는 현실 속에서도 희망과 성찰의 공간을 제공하는 역할을 부여했다.

따라서 두 시인의 작품에서 자연은 단순한 배경이 아니라,

억압에 대한 저항과 인간이 꿈꾸는 이상적인 세계를 연결하는 핵심적 매개체로 작용한다. 본 연구는 이러한 생태적 저항과 이상향의 개념을 중심으로 두 시인의 문학을 비교하며, 그 공통점과 차이를 분석하고자 한다.

윤동주(1917-1945)는 일제 강점기와 그 이후의 혼란스러운 시기에 활동한 시인으로, 그의 시는 인간과 자연, 사회의 관계에 대해 깊은 통찰을 제공한다. 윤동주에게 "생태적 이상향"은 주로 자연의 순수함과 인간의 고요한 삶으로 표현된다. 그는 자연을 통해 인간의 본질을 회복하고, 인간의 내면에서 이상적인 세계를 찾으려 했다.

윤동주의 시에서는 자연을 단순히 외부 세계가 아닌, 자아와 연결된 중요한 존재로 묘사한다. 특히 그의 대표작인 「서시」나 「별 헤는 밤」에서 자연은 고요하고 평화로운 존재로 등장하며, 이는 윤동주가 꿈꾸는 이상적인 삶의 일면을 엿볼 수 있게 한다. 윤동주는 자연을 단순한 배경이 아닌, 인간 존재의 의미를 찾아가는 과정으로 바라보았다. 별과 하늘, 바람 등은 그의 시에서 중요한 상징으로 등장하며, 이는 인간 존재가 자연과 하나 되어 살아가는 이상적인 상태를 꿈꾼다는 의미를 담고 있다. 「별 헤는 밤」에서는 별을 헤며 고독과 아픔을 느끼는 주인공이 자연을 통해 위로와 평화를 찾으려 하는데 이는 인간과 자연이 밀접하게 연결되어 있다는 믿음을 바탕으로 한 생태적 이상향으로 해석될 수 있다.

셸리는 영국의 낭만주의 시인으로, 그의 작품 속에서도 생태적 이상향이 중요한 역할을 한다. 셸리는 인간의 자유, 평등, 자연과의 조화로운 관계를 강조하며, 특히 인간의 자연 회복과 자유로운 삶을 이상향으로 제시한다.

셸리는 자연을 인간의 삶에서 가장 중요한 존재로 여겼다. 그의 시 「Ode to the West Wind」에서는 자연의 힘과 아름다움을 찬미하며, 자연과 인간이 서로 영향을 주고받는 상호작용을 강조한다. 셸리에게 자연은 고귀하고 순수한 존재로, 인간이 그것을 통해 진정한 자유와 이상적인 상태를 찾을 수 있다고 보았다. 셸리는 사회의 부조리와 불평등을 비판하면서, 자연과 인간이 조화를 이루는 세상, 즉 인간의 억압과 억제에서 벗어나 자유롭고 평화로운 사회를 이상향으로 그렸다. 그의 작품에서는 인간이 자연과 조화롭게 공존하는 모습이 반복적으로 등장한다.

이 외에도 셸리는 자유와 정의를 강조하면서, 자연과 사회의 조화로운 관계를 이상적인 형태로 제시한다. 사회적 불평등과 억압에 대한 저항을 통해 그는 결국 자연과 인간이 하나로 이루어지는 이상적인 세상을 꿈꿨다.

윤동주와 셸리의 생태적 이상향은 서로 다른 시대와 문화적 배경 속에서 형성되었지만, 공통적으로 자연과 인간의 상호작용을 중시하며, 자연을 통한 인간의 영적 회복과 이상적인 삶을 추구했다는 점에서 유사하다. 윤동주는 자연을 통해 고요하고 평화로운 삶을 염원하며, 자연과 인간이 내적으로 연결되는 이상향을 꿈꿨다. 셸리는 자연을 통해 인간이 자유롭고 평화로운 삶을 살 수 있다는 이상적인 사회를 그리며, 이를 통해 인간의 억압을 극복하려 했다. 결국, 두 시인 모두 자연과의 조화와 자연을 통한 인간의 회복을 이상향으로 설정하였으며, 이는 생태적 이상향을 추구하는 면에서 중요한 연결점을 가지고 있다.

3.
퍼시 비시 셸리와 윤동주의 비교 연구 필요성

셸리와 윤동주에 대한 각각의 연구결과가 예상 외로 많지 않으며 생애와 시(론)를 포함한 시세계 전반에 대한 고찰보다 신화적 이미지, 형상화, 혁명적 성향 등에 초점을 둔 연구들이 대부분이라는 선행연구의 성과와 동향을 참고할 필요가 있다. 이 책에서는 낭만적 저항성을 지닌 두 시인의 생애와 작품을 전반적으로 고찰하고자 하였다.

시인에게 실존적 주제인 '의식의 변화'는 생태비평이 지향하는 생태적 인식이자 사회적 문화운동의 한 차원이다. 현현(顯顯, epiphany)의 순간을 경험하고 통각(統覺, Self-realization)의 단계를 거친 개개인의 훌륭한 소시민적 인식과 자세는 현대인의 핵심 덕목이다. 그리고 자연과 인간 사이의 내재적 가치(intrinsic value)의 인정이 기반이 되어야 할 이 생태적 인식의 함양은, 생태시인인 셸리와 윤동주의 생태문학 텍스트를 통한 실천적 사유의 활용을 통해서도 실현가능할 것이라고 보았다.

시적 주체가 작품 속에 개입하면서도 허구의 인물로 상정되는 방식은 극적 독백(dramatic monologue) 형식으로 발전했는데, 시인의 주체의식과 시적 재현의 문제에서 낭만주의 시인들의 의식은 중요한 발판이 되었다.[16] 셸리는 낭만적 주체의 불안을 극명하게 드러냈다. 윤동주의 경우에도 자의식의 불안이 극에 달한 상황이 「십자가」, 「자화상」, 「서시」 등에서 발견된다. 따라서 시대의 불안 속에서도 낭만적 저항성을 통하여 삶의 열정을 불태운 셸리와 윤동주의 의식의 불이 실천적 소시민의 상징으로 대변될 수 있다는 점을 강조할 수 있다.

이 책은 구체적으로 셸리와 윤동주가 자기 체념의 고독 속에서 쓴 작품들이 낭만적 혜안을 담고 있는 근거를 모색

---

[16] 이와 관련한 블룸의 견해로 Harold Bloom, *The Anxiety of Influence: A Theory of Poetry*(New York: Oxford University Press, 1973).

한다. 「자화상」, 「참회록」 등 청년의 불안한 심리가 초월적 사유와 저항의 의지로 드러난 작품들을 선별하여 동시대의 시인들과 차별되는 낭만적 저항성과 그 생태적 사유에 대해 작품별로 또는 비교 연구로 고찰한다. 프로메테우스적인 해방과 저항 정신이 재현된 근거들을 통해서는 신화적 차용과 형상화로 요약된 시세계에 대한 심층적이고 철학적 접근이 가능해질 것이다. 이를 통해 그동안 오점처럼 인식된 불안한 낭만적 저항성과 초월적 사고를 두 시인의 미래지향적 비전으로 평가할 수 있다.

다음은 셸리와 윤동주의 주요 작품들을 낭만적 저항성과 생태적 사유라는 관점에서 정리한 표이다.

〈셸리와 윤동주의 주요 작품 및 주제 비교〉

시인	작품명	주요 주제
셸리	Ode to the West Wind	혁명과 재생의 자연, 예언적 상상력
	Prometheus Unbound	신화적 해방, 고통 속 저항과 이상
	Mont Blanc	자연과 인간 정신의 연결, 초월적 사유
	To a Skylark	자연적 기쁨, 인간 감성의 회복
	The Mask of Anarchy	폭정에 대한 저항, 감성의 회복
	The Triumph of Life	삶과 죽음의 환영 속 진리 탐색
	The Sensitive Plant	감수성과 존재의 덧없음
	The Cloud	순환과 변화의 자연 이미지
	Ozymandias	권력의 허망함, 시간과 몰락의 인식

윤동주	길	상실과 위로, 자연과 감정의 일체
	또 다른 고향	정신적 귀환, 윤리적 선언
	별 헤는 밤	기억과 그리움, 생명의 순환과 이상향
	병원	사회적 병리와 존재의 무력감
	새로운 길	희망과 새로운 시작, 방향의 탐색
	간	침묵 속 자기 윤리의 확인, 고요한 저항

위에서 제시한 시 중 몇 편에 대하여 생태적 저항과 이상향이 드러나는 양상을 간략하게 살펴보면 다음과 같다. 이 시들은 이미 두 시인의 대표작으로 알려져 있다.

1. 「서풍의 노래」(Ode to the West Wind)[17]

○ **생태적 저항성**: 서풍을 통해 기존 사회의 타락과 부패를 상징적으로 비판하고, 자연의 힘으로 새로운 생명의 부활과 사회적 갱신을 촉구한다.

○ **이상향**: 서풍을 혁명의 에너지로 형상화하여 자연과 인간, 사회가 자유롭게 공존하는 이상적인 세계를 희망한다.

---

17) 한국 내에서 이 시는 「서풍부」 또는 「서풍에 부치는 노래」로 번역되어 알려져 있다. 기존에 번역된 제목을 그대로 사용하지 않는 것은 기존의 번역에 문제가 있었다고 판단하기보다는 한자어 대신 쉬운 제목으로 부르고 사용하는 편이 개인적으로 시의 감상과 이해에 도움이 된다고 보았기 때문이다.

2. 「해방된 프로메테우스」(Prometheus Unbound)

○ **생태적 저항성**: 프로메테우스를 통해 억압적 사회체제와 생명을 위협하는 폭력적 문명에 대한 저항을 표현한다.

○ **이상향**: 인간과 자연이 조화를 이루고, 사랑과 평화, 자유가 실현된 이상사회를 제시한다. 이 시에서 시인은 인간의 오만과 폭력성이 사라지고, 자연과 인간 사이에 진정한 화합이 이루어진 세상을 꿈꾸고 있다는 의지를 표현했다.

3. 「구름」(The Cloud)

○ **생태적 저항성**: 구름이라는 자연의 존재를 의인화하여 인간의 통제와 파괴적인 욕망을 비판한다. 구름은 파괴되지 않고 끊임없이 재생되는 자연의 힘을 상징한다.

○ **이상향**: 자연 그 자체가 가진 생명력과 순환을 통해 지속 가능한 세계를 표현하며, 인간과 자연의 공생을 희망한다.

4. 「민감한 식물」(The Sensitive Plant)[18]

1) **「감성 식물」**: 직역한 표현으로, '감정이 섬세한 식물'이라는 의미로 시의 주제를 인간 감수성과 자연의 교감을 다루는 경우, 섬세하고 예민한 존재로서 식물을 비유적으로 해석할 수 있다.

2) **「예민한 식물」**: '민감하고 반응이 빠른 식물'이라는 뜻에서 나온 표현이다. 실제로 'Sensitive Plant'는 '미모사(Mimosa pudica)'라는 식물을 가리키기도 하며, 손을 대면 잎이 오므라드는 특징이 있다.

3) **「섬세한 생명」**: 시적 뉘앙스를 살려 은유적이고 서정적인 해석을 의도한 번역이다. 식물이 상징하는 존재가 단지 식물 그 자체가 아니라, 감정이 풍부한 생명체나 존재일 수 있기 때문이다.

4) **「감수성의 식물」**: 시어로서 감수성을 강조한 표현이며, 시에서 정서와 윤리적 감각을 강조할 때 적합한 번역이다.

그런데, 셸리의 시 「The Sensitive Plant」는 단순히 식

---

18) "The Sensitive Plant"라는 시 제목은 다양하게 해석될 수 있다.

물에 관한 시가 아니라, 자연의 덧없음, 미(美)의 소멸, 그리고 감수성 있는 존재가 느끼는 상실과 회복에 대한 이야기이므로, 시 전체 맥락에 따라 제목의 해석도 유연하게 접근하는 것이 좋다.

그동안 이 시를 '미모사'(Mimosa pudica)라는 식물명으로 번역해 온 점을 참고로 하되, 여기서는 최대한 셸리의 시를 쉽게 이해할 수 있도록 하는 데에 초점을 두어 옮긴다.

○ **생태적 저항성**: 아름다운 정원을 배경으로 인간의 폭력과 부주의함으로 파괴되는 자연을 은유적으로 묘사하여 인간 문명의 폭력성을 고발한다.

○ **이상향**: 이상적인 자연 정원을 통해 평화롭고 순수하며 지속 가능한 자연의 이상을 표현한다.

5. 「몽블랑」(Mont Blanc)

○ **생태적 저항성**: 웅장한 알프스 산의 위용을 통해 인간 문명의 한계를 지적하며, 자연 앞에 겸허한 태도를 촉구한다. 자연에 대한 인간의 지배가 아니라 공존과 경외를 강조한다.

○ **이상향**: 자연이 가진 무한한 힘과 아름다움을 통해 인간과 자연이 서로 연결된 하나의 우주적 존재로서 공존하는 이상향을 제시한다.

위의 시들은 셸리가 자연을 단순히 미적 대상으로만 보는 것이 아니라, 문명의 폭력성에 저항하고 자연과 인간의 조화로운 이상 세계를 추구한 사상가였음을 보여 준다.

다음으로 윤동주의 시들 중, 몇 편을 선별하여 그 생태적 저항성과 이상향을 정리해 보면 다음과 같다. 셸리의 경우 대부분 장시(long poem)이므로 시 전체를 싣기는 어렵지만, 윤동주의 경우 시의 전문을 확인하면서 그 주제를 파악해 볼 수 있다.

1.「새로운 길」

○ **윤동주,「새로운 길」전문**

내를 건너서 숲으로
고개를 넘어서 마을로

어제도 가고 오늘도 갈
나의 길 새로운 길

민들레가 피고 까치가 날고
아가씨가 지나고 바람이 일고

나의 길은 언제나 새로운 길
오늘도…… 내일도……

내를 건너서 숲으로
고개를 넘어서 마을로

○ 「새로운 길」 시 분석
　「새로운 길」은 윤동주의 시 중에서도 특히 간결하고 소박한 형식이 드러나 있으며, '길'이라는 단순한 소재를 반복하면서도 깊은 상징성을 담고 있는 작품이다.
　작은 내를 건너고 고개를 넘어 숲으로 향하는 화자의 모습은 삶의 현실을 초월하여 묵묵하고 끈기 있게 걸어 나아가는 청년의 모습을 떠올리게 한다. 어제, 오늘, 그리고 내일도 '내를 건너서 숲으로/ 고개를 넘어서 마을로' 향하는 모습은 크든 작든 우리 앞의 장애물을 건너 울창한 나무가 있는 곳으로, 모두가 있는 곳으로 멈추지 않고 나아가는 저항성을 상징한다. 특히 시인이 살았던 식민지 시대의 풍경을 추측할 수 있는 시이지만 이 시에 등장하는 '내', '숲', '민들레', '까치', '바람'은 정서적 풍경을 상상할 수 있는 생태적 소재들이다.

　연약하지만 꺾이지 않고 피며, 돌부리 틈에서도 그 생명성을 확장시키는 들풀이 지니는 생태적 저항성은 이상향을 향한 끝없는 노력과 지키지 않는 의지를 상징한다. 시의 전개는 매우 간결하고 단순하지만, 내면의 울림이 있고 정적이면서도 동적인 시어들이 주는 변화의 가능성은 이 시가 지닌 생태성과 저항성의 특징을 드러낸다. 시인이 걸어 나아가는 길에서 만나는 자연물들은 단순히 풍경으로서가 아니라 시인의 외로움을 지켜 주는 동적인 에너지로 해석할 수 있다. 이 시는 풍경을 묘사하는 듯하지만, 화자가 지니고 있는 내면의 힘과 인간의 걸어 나아가는 길 위에서 만나는 자연물이 주는 변화와 역동성을 보여 주는 시이다.

○ **생태적 저항으로서의「새로운 길」**

　이 시에 등장하는 소재들 중 '민들레'는 봄철이면 쉽게 볼 수 있는 들풀의 일종이지만, 묵묵히 자신의 길을 향해 나아가는 존재들에게 변화의 가능성을 보여 주는 상징으로 작용한다. 민들레가 피어나는 길 위를 지나면서 화자는 까치와 바람을 만나고, 이름 없는 들풀로 피어나면서도 온 들판을 가득 채울 힘을 지닌 민들레의 생명력을 경험할 것이다.

　윤동주는 당시의 식민지 현실 속에서도 침묵으로 저항하는 민중의 모습을 이 시에서 은유적으로 제시하고 있으며,

자연이라는 넓은 세계가 여전히 살아 숨 쉬며 은은하고 강력한 생명의 힘을 발휘하고 있음을 시를 통해 보여 준다. 시인은 자신이 나아가야 할 길 위에서, 조용하지만 강한 자연의 힘을 느끼며, 자연의 목소리를 따라 조금씩 앞으로 걸어가고 있다. 새로울 것 없는 길이지만 생태적 인식을 통해 우리가 언제가 '새로운 길'을 만날 수 있다는 사실을 강조한다. 물리적인 저항과 반항보다 자연과의 교감에 기초한 정신적 저항과 생태적 해방은 실천적 방식으로서 윤동주의 생태적 저항을 의미한다.

 이 시 속에서 자연은 침묵하지는 않지만 고요한 저항의 방식으로 세상의 변화를 일으킬 준비가 되어 있다. 화자는 자연의 영향력 아래에서 과거와 현재, 그리고 미래를 향한 새로운 꿈을 꿀 수 있다. 이 시에서는 생존의 형태로서 생태적 저항은 인간의 언어나 강력한 방식의 저항보다는 자연의 존재 자체를 통한 변화의 가능성을 의미한다.

○ 이상향의 사유로서의 「새로운 길」

 「새로운 길」에서 시인이 마주한 자연은 고통의 현실 속에서도 인간 정신이 지향해야 하는 이상향을 의미한다. 길 위에서 만난 민들레, 하늘을 나는 까치, 그 사이를 지나는 바람은 모두 부정적 환경이 아니라 현실을 초월하는 아름다움이자 생명력 그 자체이다.

시인은 인생의 길 위에서 그 자연의 모습을 보고 사유하고 다시 걷고 있으며, 이 장면은 자연 속에서 발견한 삶과 길이라는 사유가 시인의 내면을 변화시켜 새로운 길을 열 수 있게 하는 원동력으로 작동하고 있음을 보여 준다. 이상향은 멀리 있는 불가능한 미래가 아니라 지금 바로 곁에 있는 작고 소박한 생명을 통해 가능해진다는 생태적 인식을 통해서도 가능하다. 그리고 이 변화를 가능하게 하는 소재인 자연은 작고 소박한 생명들이다.

윤동주는 이처럼 자연과의 조우, 조화를 통한 내면의 변화가 윤리적이고 생태적 이상향이 될 수 있음을 보여 준다. 현실의 억압과 침묵 속에서도 자연은 어느 새 희망의 씨앗으로 작동하여, 인간이 다시 시작할 수 있도록 격려하는 역할을 한다. 「새로운 길」은 이러한 시적 이상향이 인간 정신의 결단력을 통해 드러난다는 사실을 보여 주는 생태적 인식과 실천의 예이다.

○ **생태적 저항성**: 이 시에서 드러나는 생태적 저항은 문명에 대한 폭력이나 무분별한 자연의 발전에 대한 직접적인 저항이기보다는, 자연과 문명, 인간과 자연이 공존하는 새로운 세계에 대한 갈망과 변화의 가능성이라고 볼 수 있다. 새로운 세계를 희망하는 내면의 목소리는 언제나 가장 조용하고 깊은 사유의 결과로 드러난다.

이 시에서도 변화에 대한 요구와 열망이 묵묵히 앞으로 나아가는 시인의 발걸음이 주변 환경과 어우러져 어느새 변화의 가능성으로 이끌고, 역동적인 자연의 응원에 힘입어 내면의 변화를 통한 새로운 길의 희망을 발견한다. 21세기에 생태적 환경이란, 단순히 물리적인 자연만을 의미하지는 않기에 이 시에서 드러나는 변화에의 열망과 가능성은 미래의 변화를 가능하게 하는 생태적 저항성에 기인하고 있는 것이다. 변화의 시작은 언제나 생태적 인식에서 출발하게 되므로 시인이 걸어온 길을 '새로운 길'로 이끄는 역할을 하는 자연의 길은 시인에게 가장 중요한 나침반이 된다.

○ **이상향**: 자연과 공생하면서도 인간이 인간답게 살아갈 수 있는 새로운 길에 대한 꿈을 제시한다. 여기서 이상향은 더 이상 수동적인 환경만을 의미하지 않으며, 자연과 함께 새로운 길을 창조하고 발전시켜 나가는 새로운 생태적 환경에서의 공존과 조화를 의미한다.

2.「병원」

○「**병원**」시 분석

「병원」은 윤동주가 식민지 시대의 고통스러운 현실과 존재의 근원적 아픔을 '병'이라는 상징을 통해 형상화한 작품이다. 시인은 자신의 고통을 단순히 개인의 질병으로 묘사하지 않고, 별과 바람, 세상에 대한 감수성을 통해 내면화된 시대적 병리로 확장시킨다. 이 '병'은 외부의 억압에 대한 반응인 동시에, 인간으로서의 연민과 책임감에서 비롯된 자발적인 고통이다. 특히 "이 세상을 슬퍼하는 병을 / 이 세상을 사랑하는 병을"이라는 구절은 윤동주 시 특유의 이중 감정—슬픔과 사랑, 절망과 희망의 공존—을 상징적으로 드러낸다. 이 시는 자아의 고백인 동시에, 시대 전체를 감싸 안는 윤리적 사유의 시학이다.

○ 생태적 저항으로서의 「병원」

「병원」의 '병'은 인간과 세계, 자연 사이의 단절에서 비롯된 감수성의 균열을 상징한다. 시인은 도시화와 식민 지배라는 문명적 억압 속에서 자연과의 감응 능력을 상실한 채 살아가는 인간의 내면을 병든 존재로 제시한다. 그러나 이 병은 절망이나 파괴로 이어지지 않고, 자연에 대한 깊은 그리움과 감각의 회복을 향한 희망을 포함한다.

바람과 별을 통해 자연과 다시 연결되려는 시인의 의지는, 생태적 감수성의 회복이 곧 저항의 시작임을 암시한다. 인간 중심의 문명이 초래한 병리적 감정에 대해, 윤동주는 자연과의 교감을 통해 치유와 윤리적 회복을 제안한다. 이 시에서 저항은 공격이 아니라 감수성과 사유의 회복을 통해 이루어지는 조용한 생태적 선언이다.

○ **이상향의 사유로서의 「병원」**
　「병원」 속 이상향은 병이 사라진 무균 상태가 아니라, 슬픔과 사랑이 조화를 이루는 존재의 성숙이다. 시인은 세상을 고통스럽게 느끼면서도 그 고통을 통해 더 깊이 사랑하려는 마음을 간직하고 있다. 이상향은 고통의 반대가 아니라, 고통을 감싸안는 연대의 윤리에서 비롯된다. 바람과 별이라는 자연의 이미지가 이 이상향을 감각적으로 매개하며, 시인의 감정은 자연과 맞닿을 때 더욱 맑아진다.
　윤동주의 이상향은 이상적인 장소가 아니라, 윤리적 감수성과 생태적 연대가 실현되는 내면의 공간이다. 따라서 「병원」은 인간과 세계, 자연이 다시 이어지는 조용한 회복의 시학이며, 슬픔을 감수할 수 있는 능력 자체가 이상향을 향한 징후가 된다.

○ **생태적 저항성**: 현대 사회가 초래한 생명성의 상실과 소외된 인간 존재를 비판적으로 드러낸다.

○ **이상향**: 병적이고 왜곡된 현실에서 벗어나 생명성을 회복하고 진정한 인간성을 되찾고자 하는 간절한 바람을 읽

을 수 있다.

3. 「길」

○ **윤동주, 「길」 전문**

잃어버렸습니다.
무얼 어디다 잃었는지 몰라
두 손이 주머니를 더듬어
길에 나아갑니다.

돌과 돌과 돌이 끝없이 연달아
길은 돌담을 끼고 갑니다.

담은 쇠문을 굳게 닫아
길 위에 긴 그림자를 드리우고
길은 아침에서 저녁으로
저녁에서 아침으로 통했습니다.

돌담을 더듬어 눈물 짓다
쳐다보면 하늘은 부끄럽게 푸릅니다.

풀 한포기 없는 이 길을 걷는 것은
담 저쪽에 내가 남아 있는 까닭이고,

내가 사는 것은, 다만,
잃은 것을 찾는 까닭입니다.

○ 「길」 시 분석

　이 시는 윤동주가 상실의 경험을 통한 내면의 슬픔과 갈등을 형상화한 작품이다. 시인은 상실이라는 모티프를 활용하여, 삶의 여정을 향해 나아가는 화자의 심적 혼란을 그려내고 있다. 상실의 고통과 아픔 속에서도 앞으로 나아가야 하는 혼란스러운 존재는 자신을 다음 걸음으로 이끄는 돌담에 의지하여, 한 걸음 한 걸음을 내딛는다. 그러나 정작 잃어버린 것의 정체조차 모르는 상황이라 무엇을 찾아야 하는지, 정체성마저 흔들리고 있다. 단순한 상실의 문제이기보다는 존재 자체에 대한 상실의 고통 속에 처해 있는 것이다.

　이러한 상황에서도 우선 나의 존재에 대한 물음과 내가 사는 이유에 대한 답을 찾아 앞으로 나아가야 하며, 길은 언제나 시간과 공간으로 이어져 삶을 지탱하게 해 준다. 아침에서 저녁으로, 저녁에서 아침으로 통하는 그 시간은 끊임없이 나를 괴롭히는 존재의 이유에 대한 고민이 순환하고 있음을 나타내고, 풀 한 포기도 없는 삭막한 삶의 길이지만

언젠가는 나의 존재를 인식할 수 있을 것이라는 작은 가능성에 힘을 보태려는 생존에 대한 절박한 의지를 드러낸다. 그러므로 화자는 나 자신을 찾기 위해 고군분투하고 있다.

○ 생태적 저항으로서의 「길」

이 시에서 삶과 죽음 사이, 현실과 이상이라는 끝없는 수평선과 같은 물음에 대한 해답, 땅과 하늘, 그리고 우주라는 광활한 공간들의 경계를 넘나드는 상징이 되는 소재는 '길'이다. 윤동주는 상실의 고통을 단순한 순간의 고통으로 보지 않고, 오히려 삶 전체를 관통할 초월적 주제이자 존재론적 사유로 확산한다. 이러한 관점이 이 시의 긴장감을 만들어 내며, 초조하고 불안한 화자의 심적 상태를 추론할 수 있도록 돕는다. 감정의 폭발이 아니라 소리 없는 저항은, 생태적 인식이라는 내면의 고민을 상징하는 특유의 시적 언어이자 방식으로 볼 수 있다.

따라서 이 시의 소재이자 시의 제목인 「길」은 물리적 공간이기보다는 내면의 감정이 흘러가는 통로로서의 '길'이라고 해석할 수 있다. 물론, 윤동주가 살았던 당시의 상황을 감안할 때, 식민지 현실 속에서 느꼈을 정체성의 혼란과 인간으로서의 소외감은 특수한 주제는 아닐 것이다. 그러나 윤동주처럼 시간과 공간이라는 의식의 흐름을 활용한 방식은 단순한 저항성을 넘어선 생태적 인식을 통한 저항과 실천적 사유로 해석할 수 있다. 여기서 자연은 무언가를 잃어 버린 뒤 길 위로 나서는 화자 자신의 인생의 길을 포함하여, 주변의 모든 환경을 의미하는 생태적 자연이 된다. 돌과 돌이 끊임없이 이어져 있는 돌담에는 자연의 시간이 켜켜이 쌓여 있다. 시인은 이 생태적 공간을 상실의 고통과 슬픔을 다루는 초월적 공간으로 활용하였고, 인간이 자신의 감정을 추스르고 스스로의 정체성에 대해 고민하는 생태적 인식의 공간으로 탄생시켰다.

문명의 발달이 야기하는 생태적 파괴가 아니더라도 인간이 인간에게 자행하는 수많은 파괴와 억압은 인간을 병들고 방황하게 할 수 있다. 자연의 감수성과 인내, 생태적 저항성에 대한 자연의 치유법은 인간을 치유하는 데에도 유용하다. 이 시에서 화자는 자연의 시간과 공간을 더듬어 다시 자신의 정체성을 확립할 수 있다. 인간이 자신의 감정과 다시 연결되는 그 지점, 그곳에 생태적 자연이 존재하고 있기 때문이다. 절망의 길을 걷고 있는 화자에게 자연은 단단하고 강인하게 저항한다. 화자가 경험하는 절망과 고통은 자연을 통해 더욱 단단해지고, 돌담을 돌아 다시 돌아왔을 때에는 존재의 이유를 깨닫게 된다. 그러므로 이 시에서 '길'은 인간 정신의 회복이 가능해지는 매우 중요한 지점으로서 자연과 다시 만나고 공존하고 회복을 향해 나아갈 귀한 통로가 되어 주는 것이다.

○ **이상향의 사유로서의「길」**

이 시에서 드러나는 이상향은 머나먼 유토피아를 의미하지는 않는다. 인간 또는 자연 속에 깊이 존재하는 인간적 감수성 또는 가장 자연스러운 내재적 가치이자, 인간이 기억해야 할 인간성의 자리이다. 이 시에서 화자는 상실의 고통과 인간소외의 심리적 상처를 통해 고통의 본질에 다가가려 애쓴다. 이 시에서 시인이 만나는 자연물들은 그 과정을 돕는 존재들이다. 돌담을 더듬으며 눈물 짓지만, 하늘은 여전히 푸르고 어디엔가 희망이 있음을 알려 준다. 화자의 입장에서 시간과 공간은 자신을 고통스럽게 하지만, 언젠가 고통은 사라지고 새로운 길을 향해 나아갈 수 있는 희망이 있으리라는 가능성을 주는 표상이기도 하다.

결국, 이 시의 화자가 추구하려는 이상향은 고통을 극복하는 것 자체가 아니라, 그것을 관통하여 더욱 나은 삶의 태도를 구축하려는 내면의 감정 변화이다. 고통스럽지만 현실과 함께 살아가야 하며, 결국 그것이 절망 속에서도 삶의 희망을 되찾게 하는 중요한 기제가 될 것이라는 가능성을 시사하고 있다는 것을 스스로 깨닫게 된다. 이상향이란, 현재의 고통과 상실을 보듬어 새로운 미래를 향해 나아가려는 새로운 측면의 회복을 의미한다. 침묵 속에서도 다음 단계를 위해 한 걸음 나아가려는 인간의 의지를 보여 주고 있다.

○ **생태적 저항성**: 이 시에서의 생태적 인식은 화자가 걸어 나아가는 길과, 그 길에 이어져 있는 돌담을 통해 드러난다. 화자는 기계화된 문명이 아니라 자연이 만들어낸 오랜 돌담길 위에서 진정한 삶의 의미를 찾게 된다. 그러나 이것을 찾기 위한 정신적 혼란과 상실의 아픔은 절망과 부끄러움을 통한 몸부림과 정서적 고통을 통해 드러나 있으며, 이는 생태적 인식과 저항성으로 수렴된다.

○ **이상향**: 이 시에서 시인은 자연을 통해 인간이 스스로의 정체성을 확립해 나아가는 회복의 과정을 보여 주고 있다. 어둠 속에서도 미래를 향해 나아가는 인간의 의지와 이상적인 삶의 태도를 지향한다.

4.「또 다른 고향」

○ **윤동주,「또 다른 고향」전문**

고향에 돌아온 날 밤에
내 백골이 따라와 한 방에 누웠다.

어둔 방은 우주로 통하고
하늘에선가 소리처럼 바람이 불어온다.

어둠 속에서 곱게 풍화작용하는
백골을 들여다보며
눈물짓는 것이 내가 우는 것이냐,
백골이 우는 것이냐,
아름다운 혼이 우는 것이냐?

지조 높은 개는
밤을 새워 어둠을 짖는다.

어둠을 짖는 개는
나를 쫓는 것일 게다.

가자, 가자, 쫓기우는 사람처럼 가자.
백골 몰래
아름다운 또 다른 고향에 가자.

○ 「또 다른 고향」 시 분석

「또 다른 고향」은 윤동주의 대표적 내면 성찰시로, 물리적 고향이 아닌 정신적 고향을 향한 귀환의 의미를 담고 있다. 시인은 고향으로 돌아왔지만, 자신이 알고 있던 공간이 아니라 우주의 어둠, 죽음의 기운에 둘러싸인 공간 속에서 자신과 마주한다. 방 안에 놓인 '백골'은 자아의 해체 혹은 기억의 잔해를 상징하며, 현실과 내면, 과거와 현재가 교차되는 장소로 기능한다.

바람, 어둠 등의 요소들은 죽음과 침묵, 고독의 정서를 담고 있으며, 그 속에서 시인은 자신에게 윤리적 선언을 되새긴다. 이는 단순한 회상의 시가 아니라, 자아의 죽음과 재탄생을 동시에 사유하는 존재론적 시이다.

○ **생태적 저항으로서의 「또 다른 고향」**

이 시에서 '고향'은 자연의 회귀이자, 삶과 죽음을 관통하는 생태적 순환의 상징으로 읽힌다. 백골과 바람, 어둠 등의 자연 이미지들은 육체의 소멸과 생명의 연속성이라는 생태적 감각을 불러일으킨다. 윤동주는 도시적 감각이나 문명의 이미지를 철저히 배제하고, 오히려 침묵과 죽음이 지배하는 공간 속에서 삶의 의미를 재구성한다.

이는 인간 중심주의적 시각을 넘어서, 생명을 구성하는 가장 미세한 존재들—바람, 어둠—에게까지 감각을 열어 두는 생태적 윤리의 실천이다. 시인은 자아의 무력함과 죽음마저도 자연의 일부로 수용하면서, 존재의 연속성과 순환을 긍정하는 생태적 저항의 태도를 보여 준다.

○ **이상향의 사유로서의 「또 다른 고향」**

이 시에서 추구하는 이상향이란 단순히 고향이라는 물리

적 장소는 아니다. 인간이 느끼는 죄의식과 감정적 고통, 그리고 침묵을 통한 사유는 새로운 내면의 공간으로 인간의 사유를 이끌고 여기에서 만나는 새로운 공간이 이상향이 된다. 현실에서 벗어나고자 하는 화자에게 끝까지 기억 속에 남아 있는 정체로서의 '백골'은 현실과의 타협이 필요한 지점에서 용기가 필요하다는 사실을 일깨워 준다. 자기 스스로를 마주할 수 있는 용기, 그리고 물리적 공간으로서의 고향을 지향하기보다는 정신적으로 굳건하게 마주할 수 있는 강인한 장소로서의 고향이야 말로, 화자의 이상향이 될 수 있다는 사실을 알려 준다.

자아의 죽음은 두려워할 존재가 아니며, 오히려 죽음이 부끄럽지 않기 위해서 우리는 윤리적으로 정직한 장소로서의 고향이자 이상향을 추구해야 한다. 이 시에서 추구하는 이상향은 단순한 회복이나 안식처로서의 고향이 아니라, 존재의 고통을 인식하고 내적 상실의 아픔에서 벗어나 진정한 사유의 결과를 통해 얻은 새로운 공간으로서의 고향을 의미한다.

○ **생태적 저항성**: 도시 문명과 반대되는 이미지의 고향이라는 주제와 소재를 통해, 현실의 황폐함을 비판하고 있다. 여기서 화자가 추구하는 잃어버린 공간은 고향이자 자연을 의미하며, 진정한 의미의 자연으로 회귀하려는 강렬한

생태적 저항성을 드러내고 있다.

○ **이상향**: 자연과 조화를 이루며, 심리적으로 안정적인 장소로서, 인간성의 회복을 도울 수 있는 새로운 고향의 필요성을 주장하고 있다. 또 다른 고향은 회복과 조화를 향한 생태적 인식의 결과로 맞이할 수 있는 이상적인 세계이다.

5. 「별 헤는 밤」

○ **윤동주, 「별 헤는 밤」 전문**

계절이 지나가는 하늘에는
가을로 가득 차 있습니다.
나는 아무 걱정도 없이
가을 속의 별들을 다 헤일 듯합니다.
가슴속에 하나 둘 새겨지는 별을
이제 다 못 헤는 것은
쉬이 아침이 오는 까닭이요,
내일 밤이 남은 까닭이요,
아직 나의 청춘이 다하지 않은 까닭입니다.
별 하나에 추억과
별 하나에 사랑과

별 하나에 쓸쓸함과
별 하나에 동경과
별 하나에 시와
별 하나에 어머니, 어머니,
어머님, 나는 별 하나에 아름다운 말 한마디씩 불러 봅니다.
소학교 때 책상을 같이 했던 아이들의 이름과,
패, 경, 옥, 이런 이국 소녀들의 이름과,
벌써 아기 어머니 된 계집애들의 이름과,
가난한 이웃 사람들의 이름과,
비둘기, 강아지, 토끼, 노새, 노루,
프랑시스 잠, 라이너 마리아 릴케
이런 시인의 이름을 불러 봅니다.
이네들은 너무나 멀리 있습니다.
별이 아스라이 멀 듯이,
어머님,
그리고 당신은 멀리 북간도에 계십니다.
나는 무엇인지 그리워
이 많은 별빛이 내린 언덕 위에
내 이름자를 써 보고,
흙으로 덮어 버리었습니다.
딴은, 밤을 새워 우는 벌레는
부끄러운 이름을 슬퍼하는 까닭입니다.

그러나 겨울이 지나고 나의 별에도 봄이 오면

무덤 위에 파란 잔디가 피어나듯이

이내 이름자 묻힌 언덕 위에도

자랑처럼 풀이 무성할 거외다.

○ **「별 헤는 밤」 시 분석**

「별 헤는 밤」은 윤동주 시의 감수성과 윤리성이 가장 아름답게 결합된 작품으로, 그리움과 회상의 정서를 자연과 시적으로 연결해 낸다. 시인은 계절이 바뀌는 밤하늘 아래서 별들을 헤아리며, 존재의 외로움과 청춘의 꿈, 그리고 인간과 세계에 대한 깊은 감정들을 떠올린다. 시 속에서 '별'은 단지 자연의 객체가 아니라, 추억과 사랑, 순수와 사색의 감정이 각인된 상징적 기호로 작용한다. 시인의 언어는 소박하지만 진실하고, 감성적이지만 절제되어 있으며, 내면의 고요한 진동을 독자에게 깊이 전한다. 이 시는 윤동주가 세상과 자신을 대면하며 삶을 어떻게 살아가고자 했는지를 보여주는 시적 선언이기도 하다.

○ **생태적 저항으로서의 「별 헤는 밤」**

이 시에서 자연은 단순한 배경이 아니라, 인간 내면의 기억과 윤리적 정서를 감싸는 살아 있는 존재로 그려진다. 별은 시인에게 추억과 사랑, 정결한 사유를 불러일으키는 감각의 중심이자 생명의 상징이다. "이 많은 별빛이 내린 언덕 위에 / 내 이름자를 써 보고, / 흙으로 덮어 버리"는 장면은 인간과 자연이 하나가 되는 감성적 통합을 보여 준다. 이는 식민지 현실에서 사라질 수밖에 없었던 자아를 자연 속에서 복원하고자 하는 생태적 저항의 표현이다. 억압된 시대에도 윤동주는 자연과의 교감을 통해 내면의 순결함을 지켜 내며, 언어 없는 생명의 윤리를 시로 표현하고자 했다.

○ **이상향의 사유로서의 「별 헤는 밤」**

「별 헤는 밤」에서의 이상향은 먼 곳에 있는 유토피아가 아니라, 그리움과 슬픔, 부끄러움과 희망이 공존하는 인간적 삶의 한 자락이다. 시인은 '무덤 위에 파란 잔디가 피어나듯이'라는 구절을 통해 죽음 이후에도 생명은 다시 피어난다는 믿음을 노래한다. 이상향은 이승과 저승, 자연과 인간, 기억과 현실이 하나로 엮이는 조용한 회복의 장소다. 윤동주에게 이상은 도달할 수 없는 완전함이 아니라, 자신을 부끄러움 없이 바라보는 삶의 자세 속에 존재한다. 자연 속에 새겨지는 이름자, 그 위에 자라나는 풀처럼, 이상은 실천된 삶의 언어로 완성된다.

○ **생태적 저항성**: 문명의 삭막함과 생명성의 상실에 대한 비판적 자의식이 함축되어 있으며, 밤하늘의 별과 같은

자연적 이미지를 통해 순수성을 회복하려는 의지를 표현한다.

○ **이상향**: 별을 헤며 자연 속에서 영원한 순수성과 평화를 찾고자 하는 갈망을 드러낸다.

이러한 시들은 윤동주의 생태적 저항과 함께, 자연과 인간의 공생을 지향하는 이상적 세계를 잘 나타내고 있다.

이렇게 윤동주의 시에서 자연은 이상향의 공간이자, 내면의 성찰과 윤리의 거울로 작용한다. 그는 하늘과 별, 바람과 흙 같은 자연의 이미지를 통해 존재의 경건함과 우주의 질서를 느끼며, 그 속에서 인간이 지켜야 할 순결한 자리를 되묻는다. 자연은 현실을 초월한 정화의 장소이자, 인간의 부끄러움을 마주하게 하는 윤리적 장치로 기능한다. 이상향은 도피가 아니라, 감당하고 응시한 자만이 도달할 수 있는 시적 실천이며, 윤동주는 그 길을 침묵과 겸허, 생태적 상상으로 걸어간다.

윤동주의 시는 저항과 순수, 현실과 이상, 인간과 자연을 분리하지 않고 유기적으로 통합하는 시적 구조를 지닌다. 그의 저항은 조용하지만 깊고, 그의 순수는 이상적이되 현실에 뿌리박고 있다. 자연은 이 모든 사유를 감싸는 시적 무대이자, 윤리적 시선의 원천이다. 이러한 시 세계는 지금도 우리에게 말 걸며, 시를 통한 내적 혁명과 조화로운 세계의 가능성을 제시한다.

요컨대, 이 책은 셸리 연구의 필요성과 가치를 강조하되 다층적 접근의 한 방법으로서 생태시인으로서의 윤동주를 검증하고자 하는 연구이다. 두 시인의 생애와 작품 전체를 연구 내용과 범위로 다루므로 일부 작품에 집중된 셸리의 작품을 알리는 시도이자, 시대를 넘어 인정받는 시인들을 발굴할 기회이며 성과가 될 것이다.

또, 생태적 사유와 의지를 피력한 시인들의 생태적 비전을 강조한다는 점에서 현대영미시와 비교문학분야의 연구이면서 문학 비평의 한 갈래로서 생태비평의 논의에 해당한다. 시인을 "인정받지 못한 입법자"[19]로 상정하고 시인의 책무를 강조한 셸리를 중심으로 하되 윤동주와의 비교는 생애와 작품, 시론에 대한 전반적인 고찰, 낭만주의, 생태비평, 낭만주의 생태비평, 생태낭만주의의 입장에서 다룬다.

결국, 이 책은 지금까지 연구되지 않았던 주제를 다루고 있기에 의미가 있다. 셸리와 윤동주의 생애와 업적에서의 생태적 인식과 생태적 실천으로서의 낭만적 저항성을 중심

---

19) "unacknowledged legislators of the world"(Percy Bysshe Shelley. *Shelley's Poetry and Prose*. Ed. Donald H. Reiman and Sharon B. Powers. New York: Norton, 1977. p.508.) 『시의 옹호』에서 자주 언급되는 부분.

으로 새로운 국면의 해석이 가능해지기 때문이다. 차차 이어지겠지만, 셸리와 윤동주는 각기 다른 시대와 문화적 배경 속에서 활동한 시인이지만, 자연을 통해 저항과 희망을 노래했다는 점에서 중요한 공통점을 지닌다.

셸리는 19세기 영국 낭만주의 시인으로서 산업혁명과 억압적인 정치 체제에 대한 저항을 문학 속에 담아냈으며, 자연을 인간 해방과 혁명의 상징으로 활용했다. 반면, 윤동주는 일제강점기의 식민지 현실 속에서 자연을 통해 내면적 성찰과 이상향을 모색하며, 저항과 순수한 정신을 동시에 드러냈다. 이 책에서는 이러한 관점에서, 두 시인의 작품 속에서 자연이 어떻게 저항의 도구이자 이상향의 상징으로 작용하는지를 비교 분석한다. 이를 중심으로 두 시인의 시에서 드러나는 생태적 감수성과 문학적 상상력의 상관관계를 탐구하고자 한다. 더 큰 틀에서는 이를 통해 문학이 생태 위기 시대에 던지는 메시지를 재조명하고, 자연과 인간의 관계를 바라보는 새로운 시각을 제공하는 데 목적이 있다.

II
퍼시 비시 셸리의 생태적 저항과 이상향

1.
자연에 대한 낭만주의적 시각

셸리는 낭만주의의 대표적인 시인으로서 자연을 인간 정신과 정서적 회복을 위한 근원으로 인식했다. 낭만주의자들은 자연을 이성과 문명의 획일성에서 벗어나 감수성과 창조성을 회복하는 수단으로 보았다. 특히 셸리는 자연을 이상적이며 순수한 세계로 바라보았으며, 인간의 본래적 가치를 회복할 수 있는 공간으로 설정하였다. 그는 자연이 단지 감상의 대상이 아니라 인간 정신의 혁명적 변화를 촉진하는 역동적 에너지원임을 강조하였다.

자연은 셸리에게 단순한 배경이나 감상의 대상이 아닌, 인간 존재의 근원적 진실을 마주하는 장이었다. 그는 자연 속에서 인간의 순수성과 고통, 희망이 교차하는 장소를 보았다. 낭만주의적 감수성 속에서 자연은 신비롭고 숭고한 감정을 불러일으키는 힘을 지녔다. 셸리는 자연의 다양성과 생명력을 통해 인간의 내면을 일깨우고자 했다. 따라서 그의 시에 등장하는 바람, 바다, 별, 산은 모두 정신적 상징으로 작용한다.

자연은 인간의 감정과 사유를 투영시키는 거울이자, 존재론적 성찰의 통로가 된 것이다. 그는 자연을 통해 문명과 사회의 억압에서 벗어나 자유로운 자아를 탐색한다. 자연은 인간 중심주의를 해체하고, 생명 전체와의 공존을 상기시키는 철학적 공간이다. 셸리에게 있어 자연은 인간 정신의 치유처이자 사상의 원천이었다. 따라서 그의 시는 자연을 경외하고 교감하며, 그 안에서 삶의 본질을 되묻는 시적 언어로 가득 차 있다.

또, 셸리의 시는 자연을 통해 인간 정신의 해방과 사회 구조의 변화를 꿈꾸는 낭만적 혁명성을 드러낸다. 그는 자연의 격렬한 힘—바람, 번개, 불꽃—을 억압을 깨뜨리는 상징으로 사용했다. 예를 들어, 『서풍의 노래』에서 서풍은 죽은 생각을 날려 보내고 새로운 예언을 전하는 혁명의 매개체로 등장한다. 『해방된 프로메테우스』에서는 고통받는 자가 사랑과 용서로 신의 권력에 저항하고 인간성의 회복을 이끌어 낸다. 셸리는 시를 통해 새로운 세계의 가능성을 열어 보이고, 시인을 그 변화를 이끄는 예언자로 설정했다. 그의 시적 언어는 고정된 질서에 균열을 내고, 보다 자유롭고 정의로운 사회를 상상하도록 독려한다.

셸리는 낭만주의적 상상력에 윤리적 실천을 결합시켜, 인간 존재의 새로운 방향을 제시했다. 자연은 그에게 있어 물리적 공간을 넘어선 정신적 혁명의 불씨였다. 그는 인간이 자연과 다시 연결될 때 비로소 진정한 자유와 이상에 다가설 수 있다고 믿었다. 이러한 셸리의 시적 세계는 오늘날 생태적 전환을 위한 문학의 실천에도 중요한 사유의 자원이 된다.

다음은 「해방된 프로메테우스(Prometheus Unbound)」의 일부를 발췌하여 해석한 것이다.

1. 「해방된 프로메테우스(Prometheus Unbound)」

○ 원문 발췌 1

To suffer woes which Hope thinks infinite;
To forgive wrongs darker than death or night;
To defy Power which seems omnipotent;
To love, and bear; to hope till Hope creates
From its own wreck the thing it contemplates...

○ 해석

희망이 끝없이 품는 고통을 견디며;
죽음보다, 밤보다 어두운 불의를 용서하며;
전능해 보이는 권력에 도전하며;
사랑하고, 견디며; 희망하면서,
그 잿더미에서 새로운 희망을 창조하는 것...

○ 분석

『해방된 프로메테우스』는 그리스 신화를 바탕으로 인간 정신의 자유와 해방을 노래한 셸리의 대서사시다. 그는 이 작품에서 기존 신화를 전복하여, 고통받는 자가 궁극적으로 권력을 초월하고 정의를 실현하는 존재로 거듭나는 과정을 그린다. 인용된 구절은 생명과 정신의 회복력이 어떻게 절망 속에서도 새로운 희망을 창출하는지를 보여 주며, 자연과 인간의 재생 가능성을 믿는 생태적 이상주의가 담겨 있다.

○ 원문 발췌 2

All spirits are enslaved which serve things evil—
Thou knowest if joy be the true voice of freedom,
That Spring is in the world...

○ 해석

악한 것을 섬기는 모든 영혼은 속박당하느니—
그대는 알겠지, 진정한 자유의 목소리가 기쁨이라면,
이 세상엔 봄이 있다는 것을...

○ 원문 발췌 3

This is the day, which down the void abysm

At the Earth-born's spell yawns for Heaven's despotism,

And Conquest is dragged captive through the deep...

○ 해석

이날은, 지상에서 태어난 자의 주문에 의해
지옥의 공허가 하늘의 폭정을 향해 입을 벌리고,
정복이 심연 속에서 포로처럼 끌려가는 날이니...

○ 분석

『해방된 프로메테우스』는 억압적 질서에 맞서 인간 정신의 자율성과 연대를 회복하는 과정을 그린다. 셸리는 프로메테우스를 고통과 인내, 사랑과 용서, 희망의 상징으로 제시하며, 인간이 고통 속에서도 자기 해방을 통해 새로운 세상을 창조할 수 있다고 믿는다. 발췌된 두 번째 구절은 기쁨을 자유의 참된 표현으로 보며, 모든 생명 안에 깃든 회복의 계절, 즉 '봄'을 선언한다. 세 번째 구절은 기존 권력 체제의 붕괴와 그에 맞서는 생명의 마법을 상징적으로 보여 준다. 이러한 이미지는 생태적 균형과 정의의 복원을 희망하는 셸리의 시적 상상력을 잘 드러낸다.

셸리가 자연을 인간 정신과 정서적 회복을 위한 근원으

로 인식하고 있는 사실은 「몽블랑(Mont Blanc)」에서도 드러난다. 셸리는 "The everlasting universe of things flows through the mind"라고 표현하며 자연이 인간 정신과 하나로 연결되어 있음을 강조하였다. 또한 「종달새에게(To a Skylark)」에서 "Hail to thee, blithe Spirit!"라며 자연이 순수한 정신의 상징임을 묘사하였다.

셸리의 시 「**Mont Blanc**」(1817) 전문을 아래에서 살펴보면 셸리의 철학적 사유와 자연에 대한 장엄한 인식을 이해할 수 있다.

2. 「몽블랑(Mont Blanc)」

○ 전문

Mont Blanc
Lines Written in the Vale of Chamouni

by Percy Bysshe Shelley

The everlasting universe of things

Flows through the mind, and rolls its rapid waves,

Now dark—now glittering—now reflecting gloom—

Now lending splendour, where from secret springs

The source of human thought its tribute brings
Of waters—with a sound but half its own,
Such as a feeble brook will oft assume,
In the wild woods, among the mountains lone,
Where waterfalls around it leap for ever,
Where woods and winds contend, and a vast river
Over its rocks ceaselessly bursts and raves.
Thus thou, Ravine of Arve—dark, deep Ravine—
Thou many-colour'd, many-voiced vale,
Over whose pines, and crags, and caverns sail
Fast cloud-shadows and sunbeams: awful scene,
Where Power in likeness of the Arve comes down
From the ice gulfs that gird his secret throne,
Bursting through these dark mountains like the flame
Of lightning through the tempest;—thou dost lie,
Thy giant brood of pines around thee clinging,
Children of elder time, in whose devotion
The chainless winds still come and ever came
To drink their odours, and their mighty swinging
To hear—an old and solemn harmony;
Thine earthly rainbows stretch'd across the sweep
Of the aethereal waterfall, whose veil

Robes some unsculptur'd image; the strange sleep
Which when the voices of the desert fail
Wraps all in its own deep eternity;—
Thy caverns echoing to the Arve's commotion,
A loud, lone sound no other sound can tame;
Thou art pervaded with that ceaseless motion,
Thou art the path of that unresting sound—
Dizzy Ravine! and when I gaze on thee
I seem as in a trance sublime and strange
To muse on my own separate fantasy,
My own, my human mind, which passively
Now renders and receives fast influencings,
Holding an unremitting interchange
With the clear universe of things around;
One legion of wild thoughts, whose wandering wings
Now float above thy darkness, and now rest
Where that or thou art no unbidden guest,
In the still cave of the witch Poesy,
Seeking among the shadows that pass by—
Ghosts of all things that are, some shade of thee,
Some phantom, some faint image; till the breast
From which they fled recalls them, thou art there!

Some say that gleams of a remoter world
Visit the soul in sleep,—that death is slumber,
And that its shapes the busy thoughts outnumber
Of those who wake and live.—I look on high;
Has some unknown omnipotence unfurl'd
The veil of life and death? or do I lie
In dream, and does the mightier world of sleep
Spread far around and inaccessibly
Its circles? For the very spirit fails,
Driven like a homeless cloud from steep to steep
That vanishes among the viewless gales!
Far, far above, piercing the infinite sky,
Mont Blanc appears—still, snowy, and serene—
Its subject mountains their unearthly forms
Pile around it, ice and rock; broad vales between
Of frozen floods, unfathomable deeps,
Blue as the overhanging heaven, that spread
And wind among the accumulated steeps;
A desert peopled by the storms alone,
Save when the eagle brings some hunter's bone,
And the wolf tracks her there—how hideously
Its shapes are heap'd around! rude, bare, and high,

Ghastly, and scarr'd, and riven.—Is this the scene
Where the old Earthquake-dæmon taught her young
Ruin? Were these their toys? or did a sea
Of fire envelope once this silent snow?
None can reply—all seems eternal now.
The wilderness has a mysterious tongue
Which teaches awful doubt, or faith so mild,
So solemn, so serene, that man may be
But for such faith with Nature reconcil'd;
Thou hast a voice, great Mountain, to repeal
Large codes of fraud and woe—not understood
By all, but which the wise, and great, and good
Interpret, or make felt, or deeply feel.
The fields, the lakes, the forests, and the streams,
Ocean, and all the living things that dwell
Within the daedal earth; lightning, and rain,
Earthquake, and fiery flood, and hurricane,
The torpor of the year when feeble dreams
Visit the hidden buds, or dreamless sleep
Holds every future leaf and flower;—the bound
With which from that detested trance they leap;
The works and ways of man, their death and birth,

And that of him and all that his may be;

All things that move and breathe with toil and sound

Are born and die; revolve, subside, and swell.

Power dwells apart in its tranquillity,

Remote, serene, and inaccessible:

And this, the naked countenance of earth,

On which I gaze, even these primeval mountains

Teach the adverting mind. The glaciers creep

Like snakes that watch their prey, from their far fountains,

Slow rolling on; there, many a precipice

Frost and the Sun in scorn of mortal power

Have pil'd: dome, pyramid, and pinnacle,

A city of death, distinct with many a tower

And wall impregnable of beaming ice.

Yet not a city, but a flood of ruin

Is there, that from the boundaries of the sky

Rolls its perpetual stream; vast pines are strewing

Its destin'd path, or in the mangled soil

Branchless and shatter'd stand; the rocks, drawn down

From yon remotest waste, have overthrown

The limits of the dead and living world,

Never to be reclaim'd. The dwelling-place
Of insects, beasts, and birds becomes its spoil;
Their food and their retreat for ever gone,
So much of life and joy is lost. The race
Of man flies far in dread; his work and dwelling
Vanish, like smoke before the tempest's stream,
And their place is not known. Below, vast caves
Shine in the rushing torrents' restless gleam,
Which from those secret chasms in tumult welling
Meet in the vale, and one majestic River,
The breath and blood of distant lands, for ever
Rolls its loud waters to the ocean waves,
Breathes its swift vapours to the circling air.
Mont Blanc yet gleams on high:—the power is there,
The still and solemn power of many sights,
And many sounds, and much of life and death.
In the calm darkness of the moonless nights,
In the lone glare of day, the snows descend
Upon that Mountain; none beholds them there,
Nor when the flakes burn in the sinking sun,
Or the star-beams dart through them:—Winds contend
Silently there, and heap the snow with breath

Rapid and strong, but silently! Its home
The voiceless lightning in these solitudes
Keeps innocently, and like vapour broods
Over the snow. The secret Strength of things
Which governs thought, and to the infinite dome
Of Heaven is as a law, inhabits thee!
And what were thou, and earth, and stars, and sea,
If to the human mind's imaginings
Silence and solitude were vacancy?

○ 해석

몽블랑
- 샤모니 계곡에서 쓴 시

세상의 영원한 우주는
정신을 통해 흐르고, 그것의 빠른 물결을 굴린다.
이제는 어둡고—이제는 빛나며—이제는 어둠을 비추고—이제는 비밀스러운 근원에서 나와
인간 사상의 근원을 장엄하게 밝혀 준다.
그 소리는 오직 자기 것만은 아닌,
숲 깊숙한 외진 산속에서
자주 듣게 되는 미약한 개울물 소리처럼,

그 주위엔 영원히 뛰노는 폭포들과

경쟁하는 숲과 바람들,

끊임없이 바위를 부수며 흐르는 거대한 강이 있다.

아르브의 계곡이여—어둡고 깊은 골짜기여—무수한 색과

소리의 계곡이여,

그 너머로는 구름 그림자와 햇살이 쏜살같이 지나가네.

장엄한 광경이여, 마치 권능이

얼음 협곡에서 그의 비밀스러운 옥좌를 떠나

불꽃처럼 폭발하듯이 산들을 뚫고 내려오는 듯하다.

네 주위엔 태고의 소나무들이

너를 붙들고 있는 거대한 자식들처럼 서 있으며,

그들에게는 사슬 없는 바람들이 와서

그 향기를 마시고, 그 거대한 흔들림을 듣는다.

그것은 오래된 성스러운 하모니다.

네 땅 위엔 무지개가 펼쳐지고,

하늘빛 폭포의 장막은 조각되지 않은 형상을 입혀 주며,

사막의 소리가 사라졌을 때 펼쳐지는

깊은 영원의 잠에 모두를 감싼다.

네 동굴은 아르브 강의 격류에 울리고,

그 소리는 어떤 다른 소리도 잠재우지 못할

크고 외로운 소리다.

넌 그 끊임없는 움직임에 물들어 있다.

너는 그 쉼 없는 소리의 길이다—어지러운 골짜기여! 내가 너를 바라볼 때,
나는 고요하고 이상한 황홀경 속에 있는 듯하다.
내 정신은 지금 자연의 힘들과 끊임없이 영향을 주고받으며,
내 독립적인 환상 속에서 사색한다.
그것은 주변 세계와 쉬지 않는 교류를 하며,
수많은 날개 달린 생각들이 너의 어둠 위를 떠돌다
어느 순간 멈추기도 한다.
그 환영들은 마치 지나가는 그림자 같고,
무엇인가 너의 그림자—환상, 희미한 영상—같으며,
그것을 불러들이는 가슴속으로 다시 돌아온다.
그 순간, 너는 거기에 있다!
사람들은 말하네, 저 먼 세계의 섬광이
꿈속의 영혼을 찾아온다고—죽음은 곧 잠이며,
그 형상은 깨어 있는 사람들의 생각보다 많다고.
나는 하늘을 바라본다: 어떤 알려지지 않은 전능함이
삶과 죽음의 장막을 펼쳤는가?
아니면 내가 꿈꾸는 것인가,
그리고 이 잠의 세계가 더 강력한 진실인가?
그곳엔 거대한 정신이 존재한다.
몽블랑은 저 높이, 조용하고 평화롭게 빛난다.
그를 중심으로 펼쳐진 산들은

얼음과 바위로 이루어진 비현실적 형상들로
끝없이 쌓여 있다.
그곳은 오직 폭풍우만이 사는 사막이며,
독수리가 사냥꾼의 뼈를 가져오고,
늑대가 그 길을 따라간다.
그 형상들은 두렵도록 흉측하고,
거칠고, 벗겨지고, 높다.
무시무시하고, 흉터지고, 갈라졌다.
여기가 대지진의 악마가
그 자식들에게 파괴를 가르치던 곳인가?
이것이 그들의 장난감이었는가?
혹은 한때 불의 바다가
이 고요한 눈 위를 덮은 적이 있었는가?
그 누구도 대답할 수 없고,
모든 것이 지금은 영원해 보인다.
이 황야는 신비로운 언어를 지녔고,
그것은 무서운 의심 혹은 부드럽고도 경건한 믿음을 가르친다.
그 믿음은 인간이 자연과 화해할 수 있게 한다.
너는 목소리를 지녔구나, 위대한 산이여,
속임수와 고통의 법전을 부정하는 목소리.
비록 모두가 이해하진 못하더라도,

지혜롭고, 위대하고, 선한 이들은

그 소리를 해석하고, 느끼고, 전해 줄 것이다.

3. 「종달새에게(To a Skylark)」

○ 전문

To a Skylark

Hail to thee, blithe Spirit!

Bird thou never wert,

That from Heaven, or near it,

Pourest thy full heart

In profuse strains of unpremeditated art.

Higher still and higher

From the earth thou springest

Like a cloud of fire;

The blue deep thou wingest,

And singing still dost soar, and soaring ever singest.

In the golden lightning

Of the sunken sun,

O'er which clouds are bright'ning,

Thou dost float and run,

Like an unbodied joy whose race is just begun.

The pale purple even

Melts around thy flight;

Like a star of Heaven

In the broad daylight

Thou art unseen, but yet I hear thy shrill delight,

Keen as are the arrows

Of that silver sphere,

Whose intense lamp narrows

In the white dawn clear,

Until we hardly see—we feel that it is there.

All the earth and air

With thy voice is loud,

As, when night is bare,

From one lonely cloud

The moon rains out her beams, and Heaven is over-flow'd.

What thou art we know not;

What is most like thee?

From rainbow clouds there flow not

Drops so bright to see,

As from thy presence showers a rain of melody.

Like a poet hidden

In the light of thought,

Singing hymns unbidden,

Till the world is wrought

To sympathy with hopes and fears it heeded not:

Like a high-born maiden

In a palace tower,

Soothing her love-laden

Soul in secret hour

With music sweet as love, which overflows her bower:

Like a glow-worm golden

In a dell of dew,

Scattering unbeholden

Its aerial hue

Among the flowers and grass, which screen it from the view:

Like a rose embower'd

In its own green leaves,

By warm winds deflower'd,

Till the scent it gives

Makes faint with too much sweet those heavy-winged thieves.

Sound of vernal showers

On the twinkling grass,

Rain-awaken'd flowers—

All that ever was

Joyous, and clear, and fresh—thy music doth surpass.

Teach us, Sprite or Bird,

What sweet thoughts are thine:

I have never heard

Praise of love or wine

That panted forth a flood of rapture so divine.

Chorus Hymeneal,

Or triumphal chant,

Match'd with thine would be all

But an empty vaunt—

A thing wherein we feel there is some hidden want.

What objects are the fountains

Of thy happy strain?

What fields, or waves, or mountains?

What shapes of sky or plain?

What love of thine own kind? what ignorance of pain?

With thy clear keen joyance

Languor cannot be:

Shadow of annoyance

Never came near thee:

Thou lovest, but ne'er knew love's sad satiety.

Waking or asleep,

Thou of death must deem

Things more true and deep

Than we mortals dream,

Or how could thy notes flow in such a crystal stream?

We look before and after,

And pine for what is not:

Our sincerest laughter

With some pain is fraught;

Our sweetest songs are those that tell of saddest thought.

Yet if we could scorn

Hate, and pride, and fear;

If we were things born

Not to shed a tear,

I know not how thy joy we ever should come near.

Better than all measures

Of delightful sound,

Better than all treasures

That in books are found,

Thy skill to poet were, thou scorner of the ground!

Teach me half the gladness

That thy brain must know;

Such harmonious madness

From my lips would flow,

The world should listen then, as I am listening now.

○ **해석**

종달새에게

즐거운 영혼이여, 그대에게 경배를!

그대는 결코 새가 아니었네,

하늘에서, 혹은 그 근처에서

그대는 준비되지 않은 예술의 풍부한 선율로

그대의 충만한 마음을 쏟아 내는구나.

더 높이, 더 높이

땅에서 솟아오르며

불꽃의 구름처럼;

푸른 심연을 날아오르며,

노래하며 상승하고, 상승하며 영원히 노래하는구나.

가라앉는 태양의

황금빛 번개 속에서,

그 위에 구름이 밝게 빛나네,

그대는 떠다니고 달리네,
막 시작된 비육신의 기쁨처럼.
창백한 자줏빛 저녁이
그대의 비행 주위를 녹이네;
대낮의 넓은 하늘에서
천국의 별처럼
그대는 보이지 않지만, 그대의 날카로운 기쁨을 듣네.
은빛 구체의
날카로운 화살처럼,
그 강렬한 등불이
희미한 새벽의 맑은 빛 속에서 좁아지네,
우리는 거의 보지 못하지만—그것이 거기에 있음을 느끼네.
온 땅과 공기가
그대의 목소리로 가득하네,
밤이 맑을 때,
외로운 구름에서
달이 그녀의 빛을 쏟아 내어, 하늘이 넘쳐흐르듯이.
그대가 무엇인지는 알지 못하네;
무엇이 그대와 가장 비슷한가?
무지개 구름에서
그렇게 밝은 방울이 흐르지 않네,
그대의 존재에서 선율의 비가 내리듯이.

생각의 빛 속에 숨겨진

시인처럼,

자발적으로 찬송가를 부르며,

세상이 무시했던 희망과 두려움에

공감을 불러일으킬 때까지.

궁전 탑의

고귀한 처녀처럼,

비밀스러운 시간에

사랑에 젖은 영혼을 달래며

그녀의 정자를 가득 채우는 사랑처럼 달콤한 음악으로.

이슬 맺힌 골짜기의

황금빛 반딧불이처럼,

보이지 않게 흩뿌리네

그의 공중의 빛을

꽃과 풀 사이에, 그것이 시야에서 가려지도록.

자신의 푸른 잎에 둘러싸인

장미처럼,

따뜻한 바람에 꽃잎을 잃고,

그 향기를 내뿜어

너무 달콤한 향기로 무거운 날개를 가진 도둑들을 기절시
키네.

반짝이는 풀 위

○ 분석

 셸리는 이 시에서 종달새를 단순한 새가 아닌 '기쁨 그 자체'로 상징하며, 인간 세계와는 전혀 다른 순수하고 자연적인 존재로 바라본다. 시 전체는 종달새의 노래가 가진 초월적 아름다움과 생명력을 통해, 인간이 잃어버린 감정과 영혼의 자유로움을 회복하고자 하는 소망을 담고 있다. 종달새는 인간 문명, 고통, 권력의 속박을 벗어난 '자연적 기쁨'의 대명사이며, 이는 생태적 시각에서 매우 중요한 이상적 존재로 읽힌다.

 셸리는 산업혁명으로 인해 초래된 자연 파괴와 인간성 상실을 강하게 비판하였다. 「영국의 사람들에게(To the Men of England)」에서 노동자들의 고통과 환경 파괴의 현실을 지적했다. 또한 「자유의 가면(Masque of Anarchy)」에서 혁명적 변화를 통해 자연과 인간성의 회복을 촉구하였다.

4. 「영국의 사람들에게(To the Men of England)」

○ 전문

 Men of England, wherefore plough
 For the lords who lay ye low
 ?Wherefore weave with toil and care

The rich robes your tyrants wear?
Wherefore feed, and clothe, and save,
From the cradle to the grave,
Those ungrateful drones who would
Drain your sweat—nay, drink your blood?
Wherefore, bees of England, forge
Many a weapon, chain, and scourge,
That these stingless drones may spoil
The forced produce of your toil?
Have ye leisure, comfort, calm,
Shelter, food, love's gentle balm?
Or what is it ye buy so dear
With your pain and with your fear?
The seed ye sow, another reaps;
The wealth ye find, another keeps;
The robes ye weave, another wears;
The arms ye forge, another bears.
Sow seed—but let no tyrant reap;
Find wealth—let no impostor heap;
Weave robes—let not the idle wear;
Forge arms—in your defence to bear.
Shrink to your cellars, holes, and cells—In halls ye deck

another dwells.
Why shake the chains ye wrought? Ye see
The steel ye tempered glance on ye.
With plough and spade, and hoe and loom,
Trace your grave, and build your tomb,
And weave your winding-sheet, till fair
England be your sepulchre.

○ **해석**

영국의 사람들이여, 왜 밭을 갈며

그대를 짓밟는 지배자들을 위해 일하는가?

왜 고된 수고와 정성으로

폭군이 입는 화려한 옷을 짜는가?

왜 태어나서 죽을 때까지

그대는 먹이고 입히고 보살피는가?

그대의 땀을 빨고—아니, 피를 마시는

그 배은망덕한 게으름뱅이들을?

왜, 영국의 꿀벌들이여, 만들고 있는가

무기와 족쇄, 채찍을? 그대의 고된 노동의 산물을

쏘지도 못하는 벌레들이 앗아 가게 하려고?

그대는 여유와 평안, 위안을 누리는가?

그대는 사랑과 온기를 얻고 있는가?

그대는 도대체 무엇을 위해

그 고통과 두려움으로 대가를 치르는가?

그대가 뿌린 씨는 다른 이가 거두고,

그대가 찾은 부는 다른 이가 차지하며,

그대가 짠 옷은 다른 이가 입고,

그대가 만든 무기는 다른 이가 휘두른다.

씨를 뿌리되, 폭군이 거두지 못하게 하라;

부를 찾되, 사기꾼이 쌓지 못하게 하라;

옷을 짜되, 게으른 자가 입지 못하게 하라;

무기를 만들되, 그대를 위해 들게 하라.

지하실과 굴, 감방 속으로 숨어라—그대가 꾸민 궁전엔 다른 자가 산다.

그대가 만든 사슬을 왜 스스로 흔드는가?

그대가 벼린 강철이 스스로를 찌르는 걸 보지 못하는가?

쟁기와 삽, 괭이와 베틀로

그대의 무덤을 그리며

자신의 수의를 짜라,

그리하여 아름다운 영국이

그대의 무덤이 되게 하라.

5. 「자유의 가면(The Masque of Anarchy)」[20]

○ 원문 발췌

"Rise like Lions after slumber
In unvanquishable number—Shake your chains to earth like dew
Which in sleep had fallen on you—Ye are many—they are few."

○ 해석

잠에서 깨어난 사자처럼 일어나라
무적의 수로—잠든 사이 그대 위에 내린 이슬처럼 그 사슬을 땅 위로 흔들어 털어 버려라—너희는 많고—그들은 적다.

○ 배경과 의미

「자유의 가면」은 1819년 영국 피터루 학살 사건에 대한 분노로 쓰인 정치적 풍자시로, 셸리는 폭력적 억압에 맞서 비폭력적 저항과 민중의 연대를 강조한다. 위 인용문은 이 시에서 가장 널리 인용되는 구절로, 민중이 자신의 힘을 자각하고 단결하여 억압에 맞설 것을 촉구한다. '그들은 적고

---

[20] 이 시는 총 91연으로 이루어진 장시이기 때문에 대표적이고 의미 있는 일부 발췌 구절과 함께 번역을 싣는다.

우리는 많다'는 선언은 이후 수많은 저항 운동에서 영감을 주는 표어가 되었다.

이 시는 자연적 이미지(이슬, 사자 등)를 혁명적 감각과 결합시켜, 셸리 특유의 낭만주의적 상상력과 사회 개혁 의지를 동시에 드러낸다. 이로써 그는 시를 단순한 문학의 범주를 넘어, 정치적 행동의 촉매로 사용하는 선구적인 생태-사회 시인의 면모를 보여 준다.

6. 셸리, 「비애의 승리(The Triumph of Life)」

○ 원문 발췌

Swift as a spirit hastening to his task
Of glory & of good, the Sun sprang forth
Rejoicing in his splendour & the mask
Of darkness fell from the awakened Earth.

○ 해석

영광과 선을 향해 달려가는 영혼처럼
태양은 빠르게 솟아올랐고,
그 찬란함 속에서 기뻐했으며
잠에서 깨어난 지구에서 어둠의 가면이 벗겨졌다.

○ 분석

셸리의 미완성 유작인 「비애의 승리」는 삶의 본질과 인간 의식의 타락을 깊이 성찰한 시로, '삶(Life)'이 인간의 순수한 정신을 어떻게 유린하고 세속화시키는지를 탐구한다. 이 시는 자연과 역사, 인간 의식의 전개를 하나의 거대한 비전으로 그려 내며, 생태적, 윤리적, 존재론적 사유를 동시에 담고 있다. 위 인용은 시의 서두에서 태양이 어둠을 몰아내며 '진리의 힘'이 잠재되어 있음을 암시하는 장면으로, 자연의 정화 능력을 강조하는 생태적 상상력을 보여 준다.

2.
산업혁명과 문명 비판: 자연 회복의 이상

다음으로, 셸리는 산업혁명으로 인해 초래된 자연 파괴와 인간성 상실을 강하게 비판하였다. 산업혁명은 기술과 문명의 발전을 가져왔으나 동시에 자연의 파괴와 환경 오염을 초래했으며 인간의 정신적 황폐화를 야기했다. 그는 이러한 문명의 부정적 측면을 지적하며, 자연의 파괴가 인간 내면의 순수성 및 창조성의 상실과 연결된다고 주장했다. 셸리는 자연과 인간이 본래 하나로 연결되어 있다고 보았으며, 자연의 회복을 통해 인간성의 회복 역시 이루어질 수 있다고 보았다. 그에게 있어 이상적인 사회는 자연과 조화를 이루며 공존하는 형태였다.

셸리는 산업혁명으로 급변하던 근대 영국 사회 속에서 인간성의 파괴와 자연의 훼손을 날카롭게 인식한 시인이었다. 그는 기계문명과 자본주의 체제가 인간의 정서를 메마르게 하고, 자연과의 본질적 연대를 단절시키고 있다고 보았다. 「몽블랑」과 「서풍의 노래」 등에서 자연은 단순한 회귀의 대상이 아닌, 문명 비판의 거울로 등장한다. 셸리는 산업 문명이 남긴 폐허 속에서 자연이야말로 진정한 회복과 이상을 꿈꿀 수 있는 공간임을 보여 준다. 그의 시 속에서 자연은 침묵하면서도 강력한 저항의 에너지를 품고 있으며, 인간이 잃어버린 감성과 윤리를 회복하게 하는 힘을 지닌다. 이러한 자연관은 문명 진보의 허상을 드러내며, 지속 가능한 삶의 가치를 재정립하게 만든다.

셸리는 물질문명이 인간을 자유롭게 하기보다는 오히려 더 얽매이게 한다는 점을 지적하며, 자연과의 관계 회복을 통해 인간 해방의 가능성을 제시한다. 문명과 산업의 소음 속에서 그는 시를 통해 자연의 소리를 들으려 했고, 그 속에서 새로운 존재의 윤리를 구축하고자 했다. 그의 문학은 단지 과거에 대한 향수가 아니라, 미래를 위한 비판적 상상력의 장이다. 셸리의 자연은 회복과 변혁, 그리고 인간 정신의 재탄생을 이끄는 시적 원천으로서 지금도 여전히 유효하다.

3.
혁명적 자연관:
『서풍의 노래』와 『오지만디아스(Ozymandias)』

그렇다면 이러한 자연관은 시에서 어떻게 드러나고 있는가를 정리할 필요가 있다. 우선 「서풍의 노래」와 「오지만디아스(Ozymandias)」에서의 혁명적 자연관이 어떻게 드러나는지를 비교해 본다.

셸리의 대표적 시 「서풍의 노래(Ode to the West Wind)」에서 서풍은 혁명의 상징으로 등장한다. 서풍은 낡은 것을 제거하고 새로운 생명과 변화의 가능성을 불러오는 혁명적 힘을 지닌 존재로 그려진다. 셸리는 시에서 서풍에게 자신을 변화와 혁명의 도구로 삼아 달라고 요청하며, 자연의 힘을 통한 사회적 혁신과 변화를 갈망하였다.

또한, 「오지만디아스(Ozymandias)」에서는 인간 문명의 덧없음과 자연의 영속성을 대비하여 제시한다. 거대한 권력과 문명의 상징이었던 오지만디아스의 조각상은 결국 폐허로 전락하며, 자연 속에서 그 흔적만 남긴 채 사라진다. 이를 통해 셸리는 자연 앞에서 인간의 권력과 문명이 얼마나 덧없고 무력한지 보여 주며, 자연의 불멸성과 우위성을 강조하였다. 이러한 작품들 속에서 셸리는 자연을 혁명적 변화의 매개체로 바라보며, 인간 사회의 진정한 회복은 자연과의 조화를 통해서만 가능하다고 역설하였다.

「서풍의 노래(Ode to the West Wind)」에서 "O Wind, If Winter comes, can Spring be far behind?"는 서풍이 혁명적 변화와 희망의 가능성을 상징함을 나타낸다. 「오지만디아스(Ozymandias)」에서는 "Nothing beside remains. Round the decay / Of that colossal wreck, boundless and bare"라며 문명의 허망함과 자연의 지속성을 대비하였다.

1. 「서풍의 노래(Ode to the West Wind)」[21]

○ 원문 발췌

O wild West Wind, thou breath of Autumn's being,
Thou, from whose unseen presence the leaves dead

---

[21] 이 시는 5개의 소네트 형식으로 구성되어 있으며, 자연을 혁명과 재생의 상징으로 삼은 셸리의 대표적 작품이다.

Are driven, like ghosts from an enchanter fleeing,

...

Drive my dead thoughts over the universe
Like wither'd leaves to quicken a new birth!
And, by the incantation of this verse,
Scatter, as from an unextinguish'd hearth
Ashes and sparks, my words among mankind!
Be through my lips to unawaken'd Earth
The trumpet of a prophecy! O Wind,
If Winter comes, can Spring be far behind?

○ 해석

오, 거칠고 자유로운 서풍이여, 가을의 숨결이여,
그대의 보이지 않는 존재로부터 낙엽은
마치 마법사에게 쫓기는 유령처럼 흩어지네,

...

나의 죽은 생각들을 말라 버린 잎처럼
세상 곳곳으로 몰아내어 새 생명을 불어넣게 하라!
이 시의 주문으로,
꺼지지 않는 화로에서 튀는 재와 불꽃처럼
내 말을 인류에게 흩뿌리게 하라!
그대의 입을 통해 깨어나지 않은 땅에

예언의 나팔을 불게 하라! 오, 바람이여,
겨울이 온다면, 봄이 멀리 있을 수 있겠는가?

○ **의미와 맥락**

이 시에서 셸리는 서풍을 단순한 자연현상이 아닌, 사회적·정신적 혁명을 불러오는 힘으로 상징화한다. 시인의 '죽은 생각'은 낙엽에 비유되며, 바람은 그것들을 퍼뜨려 새로운 탄생과 변화를 일으키는 동력으로 작용합니다. 마지막 구절 "If Winter comes, can Spring be far behind?"는 절망 속의 희망, 억압 속의 변화 가능성을 함축하며, 낭만주의 시인의 이상과 혁명적 자연관을 강력히 드러낸다.

셸리는 자연을 통해 인간의 내면과 사회를 동시에 변화시킬 수 있다는 믿음을 시로 표현하며, 생태적 재생과 저항의 메시지를 동시에 전달한다.

2.「오지만디아스(Ozymandias)」

○ **원문**

I met a traveller from an antique land,
Who said—"Two vast and trunkless legs of stone
Stand in the desert...
Near them, on the sand,

Half sunk a shattered visage lies, whose frown,

And wrinkled lip, and sneer of cold command,

Tell that its sculptor well those passions read

Which yet survive, stamped on these lifeless things,

The hand that mocked them and the heart that fed;

And on the pedestal these words appear:

My name is Ozymandias, King of Kings;

Look on my Works, ye Mighty, and despair!

Nothing beside remains. Round the decay

Of that colossal Wreck, boundless and bare

The lone and level sands stretch far away."

○ 해석

나는 한 옛 나라에서 온 여행자를 만났네,

그가 말하길—"두 개의 거대한 다리, 몸통 없는 돌기둥이 사막에 서 있었습니다.

...

그 근처 모래 위엔,

반쯤 파묻힌 산산조각 난 얼굴이 누워 있었죠.

그 얼굴은 찡그린 눈썹, 주름진 입술,

차가운 명령의 비웃음으로 가득했어요.

그 조각가는 그러한 열정을 잘 읽어 냈고

그것들을 이 무생물 위에 새겨 넣었죠―
그 감정을 조롱한 손과 그것을 불태운 심장을.
받침대에는 이렇게 새겨져 있었어요:
'내 이름은 오지만디아스, 왕 중의 왕이니라;
너희 강자들이여, 나의 업적을 보고 절망하라!'
그러나 그 외엔 아무것도 남지 않았습니다.
그 거대한 폐허의 주위로,
경계 없는 벌거벗은 사막이
외롭고 평평하게 멀리까지 펼쳐져 있었어요."

○ **분석**

이 시는 셸리의 대표적인 소네트로, 권력과 문명의 덧없음을 강력하게 드러냅니다. '오지만디아스'는 실제로 고대 이집트의 파라오 람세스 2세를 가리키며, 한때 절대적인 권력을 자랑하던 존재였지만 지금은 사막에 파묻힌 잔해만이 남아 있을 뿐이다.

"Look on my Works, ye Mighty, and despair!"라는 당당한 문구는 아이러니하게도, 지금은 그 어떤 '업적'도 남아 있지 않다는 사실을 통해 인간의 오만과 시간 앞에서의 무력함을 강조한다. 셸리는 자연과 시간 앞에서 인간 문명의 자만이 얼마나 부질없는지를 시를 통해 말하고 있으며, 이는 현대 생태문명 비판에도 깊은 울림을 준다.

이 시는 인간의 권력과 문명이 결국 자연의 흐름 속에서 사라질 수밖에 없음을, 간결하면서도 강력한 이미지로 전달하며 생태적 지속성과 겸손의 가치를 일깨워 준다.

Ⅲ
윤동주의 생태적 저항과 이상향

1.
식민지 현실과 자연에 대한 인식

윤동주는 일제강점기라는 식민지 현실 속에서 자연을 단순한 도피처가 아니라 인간의 내적 저항과 정화의 공간으로 인식하였다. 그는 억압된 현실 속에서도 자연을 통해 인간 내면의 순수성과 이상을 지키고자 했다. 윤동주에게 자연은 식민지 현실을 초월해 인간의 정신적 저항과 내면적 자유를 실현할 수 있는 유일한 공간이었다.

일제강점기 한국 시문학은 정치적 억압과 언어적 단절 속에서 민족 정체성과 정신의 자율성을 지키기 위한 문학적 투쟁의 장이었다. 이 시기의 시인들은 민족의 고통을 드러내는 한편, 자연을 통해 언어의 순수성과 감정의 내면화를 도모했다. 도시화와 식민 정책에 의해 변화된 자연은 한편으로는 상실의 대상이었으며, 다른 한편으로는 기억과 회복의 상징으로 기능하였다.

김소월, 이상화, 정지용, 백석 등의 시인들은 각기 다른 방식으로 자연을 서정화하면서도, 민족적 감각과 저항의식을 드러냈다. 자연은 일제에 의해 짓밟힌 삶의 질서를 복원할 수 있는 공간으로, 문화적 자립과 감성의 근원으로 인식되었다. 그리하여 이 시기의 자연시는 단순한 미화나 감상의 차원을 넘어, 실질적이고도 정서적인 독립의 표현이었다.

윤동주의 시는 이러한 문맥 속에서 더욱 두드러지는 미학적이고도 윤리적인 가치를 지닌다. 그는 억압된 식민지 현실 속에서 '말'과 '침묵', '자연'과 '순수'를 끌어안으며 자아의 내면을 성찰하고, 그 내면을 통해 세계를 정화하려는 태도를 견지하였다. 윤동주의 시는 단지 시대의 고통을 노래하는 데 그치지 않고, 인간 존재의 윤리적 가능성을 묻는 형이상학적 깊이를 지닌다. 그의 자연은 감상적 대상이 아니라, 상처받은 영혼이 회복되는 시적 공간이었다. 한국 현대시사에서 윤동주는 '저항시인'이라는 범주를 넘어, 내면적 생태의 시인이자, 윤리적 자아의 시학을 실현한 존재로 평가받는다.

자연에 대한 윤동주의 인식은 외부 세계의 물리적 풍경을 넘어선다. 그는 별, 바람, 하늘, 흙 같은 자연 요소들을 고요하고 절제된 시어 속에 담아내며, 그 속에서 인간 존재의 진실과 정직, 순결함을 그려 낸다. 그의 자연은 고통을 감싸안고, 존재의 불안을 어루만지는 치유의 언어였다. 특히 「별 헤는 밤」과 같은 시에서는 자연이 기억과 그리움, 자아성찰의 통로가 되며, 존재의 무게를 감당하게 하는 윤리적 빛으로 기능한다. 자연은 단절된 세계를 연결하고, 침묵 속에서 다시 말할 수 있는 가능성의 공간이었다. 이러한 자연관은 오늘날 생태문학과도 긴밀하게 연결되며, 자연과 인간 사이의 윤리적 관계를 성찰하게 한다.

결론적으로, 일제강점기 시문학에서 자연은 단지 배경이 아니라, 저항과 회복, 치유와 미래를 위한 시적 상상력의 중심에 있었다. 윤동주의 시는 그 상상력을 가장 섬세하고 깊이 있게 구현한 예로, 식민지 시대의 정신성과 생태적 감수성을 동시에 품고 있다. 그의 시는 오늘날에도 여전히 독자들에게 인간성과 자연의 관계를 되묻게 하며, 고통의 시대 속에서도 윤리적 언어를 일굴 수 있다는 가능성을 보여 준다. 식민지라는 억압적 시간 속에서도 자연은 소멸하지 않았으며, 오히려 시인의 언어를 통해 다시 살아났다. 그 언어는 오늘날 생태적 전환을 모색하는 우리에게도 의미 있는 울림을 제공한다.

2.
『하늘과 바람과 별과 시』 속의 생태적 감수성

윤동주의 대표 시집 『하늘과 바람과 별과 시』에서 자연은 맑고 순수한 존재로 묘사된다. 하늘, 바람, 별과 같은 자연의 요소들은 인간의 내적 고뇌와 슬픔을 위로하고 치유하는 매개체로 나타난다. 윤동주는 이러한 자연을 통해 자신의 내적 갈등과 민족적 아픔을 표현하면서도, 자연의 순수한 힘으로 인해 궁극적인 위로와 희망을 발견하고자 했다.

윤동주의 유고 시집 『하늘과 바람과 별과 시』는 1948년, 시인이 세상을 떠난 후 그의 친구 정병욱에 의해 간행되었다. 이 시집은 윤동주의 짧지만 치열했던 시적 여정이 담긴 결정체로, 식민지 청년으로서의 내면적 고뇌와 존재에 대한 윤리적 성찰을 담고 있다. 일제의 억압 속에서도 그는 언어의 순결성과 시적 정직함을 지키려 했고, 그것은 자연과 인간, 내면과 우주를 잇는 투명한 시적 언어로 발현되었다. 『하늘과 바람과 별과 시』는 단지 시의 모음이 아니라, 윤동주라는 존재가 세계를 견디고 껴안는 방식의 기록이라 할 수 있다.

윤동주의 시어는 절제되고 고요하면서도 깊은 울림을 지닌다. 그는 자연의 사물을 단순한 장식적 수단으로 쓰지 않고, 인간의 내면과 맞닿는 상징으로 그려 낸다. '하늘', '별', '바람', '흙', '침묵', '그리움'과 같은 단어들은 반복적으로 등장하며, 독자에게 정화와 사유의 공간을 열어 준다. 특히 자연을 통해 자신을 돌아보고 세계와 마주하는 윤리적 자아의 형성이 그의 시에서 두드러진다. 시어의 간결함은 표현의 한계가 아니라, 가장 본질적인 진실만을 남기려는 시인의 태도에서 비롯된 것이다.

윤동주의 시적 감수성은 시대적 고통을 초월하여, 존재의 고요한 본질에 다가가려는 윤리적 의지와 연결된다. 그는 역사의 소용돌이 속에서도 타인을 미워하지 않고, 자신을 들여다보며 '부끄러움'을 고백하는 내면적 정직성을 보여 준다. 그 감수성은 인간 존재의 연약함을 외면하지 않으면서도, 그 속에서 순결과 회복의 가능성을 탐색하는 사색적 태도이다. 윤동주의 시는 감성적이지만 멜랑콜리하지 않고, 현실을 회피하지 않으면서도 꿈을 포기하지 않는다. 이런 감수성은 인간과 자연, 사회를 잇는 감정의 다리를 놓으며, 시를 윤리적 사유의 장으로 확장시킨다.

이러한 시적 감수성은 생태적 시선으로 확장될 수 있다. 윤동주의 자연은 고통을 비추는 거울이자, 존재를 위로하는 언어이며, 단절된 세계를 연결하는 매개다. 그는 자연을 통해 인간의 부끄러움을 응시하고, 말하지 못하는 존재들의 목소리를 끌어안는다. 생명 전체에 대한 윤리적 연대와 조화의 가능성을 탐색하는 그의 시는, 오늘날 생태문학적 사고의 출발점이자 이상향의 예고편이 된다. 자연과 인간의 내면을 함께 응시한 그의 시는 생태적 감수성과 문학적 윤리의 모범이 된다. 생명을 향한 시인의 태도는 단지 시대의 고통을 넘는 위로가 아니라, 우리가 함께 살아갈 미래에 대한 책임 있는 상상력이다.

요약하자면, 『하늘과 바람과 별과 시』는 윤동주의 내면과 세계를 동시에 껴안은 시적 유산이며, 그 속에 깃든 생태적 감수성은 지금도 깊은 울림을 전한다. 그의 시는 침묵과 고백, 자연과 인간, 고통과 이상 사이에서 균형을 이루며, 독자에게 더 깊은 성찰의 공간을 제공한다. 시집에 담긴 언어는 조용하지만 단단하고, 짧지만 깊다. 윤동주는 시대를 초월해, 우리가 바라봐야 할 자연과 인간의 관계를 시로써 다시 묻는다. 『하늘과 바람과 별과 시』는 단순한 유고 시집이 아니라, 생태적 상상력과 윤리적 삶이 만나는 하나의 시적 공간이다.

3.
저항과 순수성의 공존: 자연을 통한 내적 이상 추구

윤동주는 저항과 순수성이 자연을 통해 공존할 수 있음을 보여 준다. 그는 현실적 저항과 내면적 순수성 사이의 균형을 유지하기 위해 자연과의 깊은 교감을 추구했다. 자연을 통해 그는 자신의 내적 이상을 구현하고 현실의 고통을 극복하려 했다. 이로써 윤동주는 식민지 시대의 어두운 현실을 초월하여 자연과 공존하는 이상적 인간상을 모색하였다.

윤동주의 시는 일제강점기라는 억압적 시대를 정면으로 마주하면서도, 폭력적 언어를 택하기보다는 윤리적 언어로 저항의 깊이를 구현한 점에서 특별하다. 그의 시에 담긴 저항은 외침이 아니라 내면의 침묵과 부끄러움, 자성의 언어로 나타나며, 이는 오히려 더 강한 도덕적 울림으로 다가온다. "죽는 날까지 하늘을 우러러 한 점 부끄럼이 없기를"이라는 시구는 시인의 존재론적 결연이자 시대에 대한 내면의 저항을 상징한다. 이처럼 윤동주는 저항의 외피보다, 윤리적 삶의 깊이로 억압을 돌파하고자 했다.

동시에 윤동주의 시는 순수성의 미학을 포기하지 않는다. 그는 자연과의 조우를 통해 내면의 정화와 감정의 진실성을 추구하였으며, 인간 본연의 선함과 정직함에 대한 신념을 간직하고 있었다. 그의 시어는 감상적이기보다는 절제되어 있고, 순결한 사유를 전제하며 진정한 자기 성찰을 가능하게 한다. 순수성은 그에게 있어 외면의 이상이 아닌 내면의 윤리였고, 시를 통해 구현되는 조용한 이상향이었다.

윤동주의 시는 저항성과 순수성을 양립 불가능한 것이 아니라, 상호 보완적인 시적 태도로 통합해 낸다. 억압의 시대 속에서도 그는 내면의 순수성과 자각을 통해 언어적 저항을 완성하였다. 그의 시는 외적인 전투가 아닌, 언어의 정직성과 존재의 윤리성을 통해 저항의 길을 열어 간다. 순수성은 그의 저항을 더욱 견고하게 하고, 저항은 그의 순수성을 더욱 깊이 있게 만든다. 두 속성은 시인의 자연 인식과도 맞물려, 고요하지만 강한 저항의 언어로 구현된다.

○ **청년 시인의 이미지**

셸리와 윤동주는 각각 30세와 27세의 나이에 짧은 생을 마감한 '청년 시인'이었다. 그들은 젊은 나이에 이미 예민한 감수성과 강렬한 문제의식을 바탕으로 시대의 억압에 저항하고 인간 내면의 진실을 탐구하였다. 셸리는 정치적 자유와 사회 개혁을 위한 시적 투쟁을, 윤동주는 민족 해방과 인간 순수성의 회복을 위해 시를 썼다. 이들은 시대의 폭력과 체제에 굴복하지 않고, 청춘의 언어로 인간과 세계의 새로운 가능성을 열어젖혔다.

셸리의 시에서 "If Winter comes, can Spring be far behind?"라는 구절은 청년의 희망과 저항을 상징하고, 윤동주의 "한 점 부끄럼이 없기를"이라는 고백은 청년이 품어야 할 윤리적 이상을 대변한다. 두 시인의 청춘은 고통 속에서도 세계를 향한 순수한 질문과 끊임없는 사유로 빛났으며, 그들의 시는 청년 정신이 지녀야 할 비판의식과 이상주의의 전범이 되었다.

셸리와 윤동주는 단지 젊은 시절에 죽은 시인이 아니라, 청년이라는 존재가 갖는 감수성, 도덕성, 이상에 대한 열망을 예술로 승화시킨 인물들이다. 그들의 시는 지금도 '청년 시인'의 상징으로 남아, 시대를 넘은 연대와 사유를 가능케 한다.

○ **시대적 문학 배경과 차이**

셸리가 활동했던 19세기 초 영국은 산업혁명이 본격화되며 사회 전반에 커다란 변화가 일어난 시기였다. 인간 이성의 계몽을 강조하던 18세기의 합리주의에 대한 반동으로 낭만주의 문학이 부상했고, 셸리는 이러한 낭만주의의 중심에서 개인의 감성, 상상력, 자연에 대한 찬미를 통해 이성과 권위 중심의 질서에 저항했다. 셸리는 사회적 불평등과 권위주의, 산업화로 인한 자연 훼손을 비판하며, 시를 통해 새로운 사회와 인간상을 꿈꾸었다.

반면 윤동주는 일제강점기라는 극한의 억압적 식민지 체제 속에서 문학 활동을 전개했다. 이 시기의 한국 문학은 항일 민족운동과 밀접하게 연결되어 있었고, 문학은 단지 미학적 표현을 넘어 민족의 정신과 생존을 지키는 도구였다. 윤동주의 시는 순수한 서정성 속에 시대에 대한 깊은 자각과 저항 의지를 내포하고 있으며, 내면적 성찰과 자연 이미지로 민족적 슬픔과 인간 본연의 순결함을 표현하였다.

이처럼 셸리는 유럽 근대 산업사회의 내부로부터 사회개혁과 자유를 추구한 시인이며, 윤동주는 제국주의의 외부에서 식민지 현실을 고발하고 내면적 정화로 저항한 시인이다. 두 시인의 문학은 각기 다른 시대와 조건 속에서 인간성과 자연, 자유에 대한 본질적 질문을 던졌다는 점에서 깊은 공통성을 지닌다.

○ **윤동주를 생태 시인으로 평가해야 하는 이유**

첫째, 윤동주의 시 세계는 자연을 단순한 배경이 아닌 존재론적 치유의 공간으로 그려 낸다. 그는 하늘, 별, 바람, 나무와 같은 자연물들을 통해 자신의 내면을 성찰하고 현실의 고통을 견딜 수 있는 정서적 근거지를 마련하였다. 이는 단지 민족 정서의 표출을 넘어서, 인간과 자연의 본질적 연결을 인식하고 이를 시로 형상화한 생태적 감수성의 표현이다.

둘째, 윤동주의 시에는 파괴된 세계 속에서 자연이 회복의 가능성을 상징하는 중요한 매개로 작용한다. 「별 헤는 밤」, 「길」, 「자화상」 등의 시에서 그는 별과 하늘, 나무, 빛을 통해 상처 입은 자아와 공동체의 재생을 꿈꾸었다. 이러한 시적 상상력은 오늘날 생태 위기 시대에 지속 가능한 삶과 공존의 가치를 문학적으로 제시하는 역할을 할 수 있다.

셋째, 그의 시에는 시대의 억압에 맞서는 내면적 저항이 자연을 통해 드러난다. 「참회록」이나 「십자가」 등에서 자연은 고통 속에서도 인간의 존엄과 윤리를 지켜 내는 도덕적 공간이다. 이는 생태적 저항으로서의 자연관이며, 인간 중심주의적 세계관을 넘어선 새로운 시적 관점을 보여 준다. 따라서 윤동주는 민족 시인을 넘어, 생태 시인으로 재조명되어야 할 충분한 문학적 가치를 지닌다.

○ 시대적 간극을 넘어서는 문학적 가치

비록 셸리와 윤동주는 서로 다른 세기, 다른 대륙, 다른 정치적 현실 속에서 살았지만, 그들의 시에는 공통적으로 자연과 인간의 조화, 정의에 대한 열망, 그리고 내면적 성찰이 녹아 있다. 이들이 추구한 문학적 가치는 단지 역사적 산물이 아닌, 시대를 초월하는 보편적 사유로 이어진다.

두 시인의 시는 각각 산업화와 식민지라는 극단적 시대 조건 속에서 자연의 회복력과 인간의 존엄을 문학적으로 형상화한 점에서 공통점을 지닌다. 셸리는 낭만주의적 감수성과 정치적 상상력을 통해, 윤동주는 순수서정과 존재론적 고뇌를 통해 생태적 사유를 펼쳐 보였다.

따라서 셸리와 윤동주의 문학은 오늘날 생태교육의 자원으로 활용될 수 있는 깊이 있는 사유의 기반을 제공한다. 이들의 시를 통해 미래 세대는 자연과 인간, 정의와 윤리, 감성과 상상이 결합된 생태적 세계관을 배울 수 있으며, 이는 지속 가능한 사회를 위한 문학의 역할을 재조명하게 만든다.

IV
두 시인의 생태적 저항과 이상향의 비교

1.
문학적 배경과 시대적 차이

19세기 초 영국 문학은 산업혁명 이후 급격한 사회 변화 속에서 인간성과 자연의 회복을 지향한 낭만주의의 흐름을 중심으로 발전했다. 퍼시 비시 셸리는 이러한 낭만주의의 대표 시인으로, 이성 중심의 계몽주의에 반발하며 감성과 상상력을 통해 인간 해방과 자연 회귀를 추구하였다. 당시 영국 사회는 기계화와 도시화로 인해 인간의 정서가 소외되고 자연이 파괴되는 상황에 직면해 있었고, 셸리의 문학은 이에 대한 저항과 이상을 시적으로 구현하였다. 문학은 개인의 내면적 자각과 사회 비판을 동시에 포괄하는 실천의 장이었으며, 셸리의 시는 인간 정신과 자연의 조화를 꿈꾸는 낭만적 비전을 제시하였다.

반면, 20세기 전반기 한국 문학은 일제강점기라는 식민지 상황 속에서 민족 정체성의 상실과 언어의 억압이라는 이중의 고통을 겪었다. 윤동주는 그러한 시대 상황 속에서 '저항'과 '순수'라는 이중적 태도를 문학 속에 동시에 구현해 낸 시인이었다. 문학은 단순한 언어 표현의 영역을 넘어, 민족의 정체성을 지키고 내면을 보존하는 윤리적 수단으로 기능하였다. 윤동주의 시는 현실의 억압을 정면으로 고발하기보다,

자연과 침묵, 자기 성찰을 통해 내면적 저항과 윤리적 언어를 구현하였다. 이러한 배경은 그의 문학이 시대적 고통을 초월한 인간성과 보편적 윤리의 형상화로 이어지게 했다.

셸리가 활동하던 19세기 영국은 산업혁명과 프랑스혁명의 영향 아래 사회 개혁과 인권에 대한 열망이 문학 속에 녹아들던 시대였다. 시인은 단지 감정을 노래하는 존재가 아니라, 사회의 변화를 이끄는 예언자로서의 역할을 요청받았다. 셸리는 정치적 이상주의와 결합된 시적 상상력을 통해, 불의한 권력과 인간 소외에 맞서는 문학적 저항을 실천했다. 시대는 진보와 개혁이라는 이름 아래 급변했으나, 그는 그 속에서 소외된 인간과 파괴된 자연의 회복을 역설하였다.

윤동주의 시대는 국가의 독립조차 허락되지 않았던 식민지 조선으로, 정치적 발언은 생명을 위협받는 일이었고 문학은 그 저항을 암묵적으로 수행하는 도구였다. 그는 직접적인 선동 대신, '부끄러움'과 '고백', '자연'과 '기억'을 매개로 내면의 윤리를 구축하고자 했다. 그의 시는 전쟁이나 투쟁의 현장보다, 침묵과 성찰의 공간에서 더욱 깊은 윤리적 힘을 발휘하였다. 시대는 억압과 절망으로 뒤덮여 있었지만, 윤동주는 그 속에서도 인간의 정직함과 생명의 가능성을 시로써 드러내고자 했다.

요컨대, 셸리와 윤동주는 각기 다른 역사적 맥락 속에서 문학을 시대와 인간을 잇는 윤리적 실천의 장으로 삼았다.

셸리는 산업화와 정치적 혼란 속에서 인간 해방과 자연 회복의 이상을 노래했고, 윤동주는 식민지의 억압 속에서 순수한 자아와 윤리적 저항의 목소리를 시로 실현하였다. 두 시인의 문학은 단지 역사적 기록이 아닌, 시대를 초월한 공통점이 발견된다.

셸리와 윤동주는 각기 다른 역사적 상황과 문학적 전통 속에서 생태적 저항과 이상을 표현하였다. 셸리는 산업혁명기의 서구 사회에서 자연과 문명의 갈등을 비판하였고, 윤동주는 일제강점기라는 특수한 식민지 상황에서 자연을 통한 민족적 저항과 내적 정화를 모색하였다.

2.
자연과 인간의 관계에 대한 인식 비교

19세기 서양에서 자연은 낭만주의를 중심으로 인간 정신의 반영이자 이상 세계로 여겨졌다. 산업혁명 이후의 기계화된 세계에서 자연은 잃어버린 감성과 순수를 회복할 수 있는 공간으로 떠올랐고, 인간의 내면적 진실과 감정을 투영하는 거울이 되었다. 자연은 신성하고 초월적인 질서로

간주되었으며, 문명의 타락을 극복할 수 있는 구원의 매개로 인식되었다.

예를 들어, 셸리의 「몽블랑」에서 나타나는 자연과 인간 정신의 연결성, 윤동주의 「서시」에서 보이는 내적 이상과 저항의 공간으로서의 자연은 각자의 시대적 상황에서 독특한 의미를 가진다. 셸리의 「몽블랑」은 자연의 웅장함과 인간 정신의 깊은 연결성을 통해 인간이 자연과 완전히 통합된 존재임을 표현하고 있다. 반면, 윤동주의 「서시」는 자연을 내면의 도덕적 순수성과 저항의 원천으로 삼아 식민지 현실에서 타협 없는 인간 내면의 순수함과 강한 의지를 유지하려는 정신적 태도를 드러낸다.

윤동주 「서시」 전문

죽는 날까지 하늘을 우러러
한 점 부끄럼이 없기를,
잎새에 이는 바람에도
나는 괴로워했다.
별을 노래하는 마음으로
모든 죽어 가는 것을 사랑해야지
그리고 나한테 주어진 길을
걸어가야겠다.

오늘 밤에도 별이 바람에 스치운다.

셸리, 「몽블랑(Mont Blanc)」 발췌

"The everlasting universe of things /

Flows through the mind, and rolls its rapid waves,

Now dark—now glittering—now reflecting gloom— /

Now lending splendour…"

"Mont Blanc yet gleams on high:—the power is there,

The still and solemn power of many sights, /

And many sounds, and much of life and death."

○ 비교 분석 초점 1: 자연 앞의 윤리적 태도와 내면 성찰

윤동주의 「서시」는 자연 앞에서 부끄럼 없는 존재로 살고자 하는 내면적 윤리를 담고 있다. 그는 "하늘을 우러러 한 점 부끄럼이 없기를" 바라고, "잎새에 이는 바람에도 괴로워"할 정도로 섬세한 감수성을 지닌 인물이다. 이러한 윤리적 자아는 자연을 도덕적 거울로 인식하며 스스로를 끊임없이 성찰하게 한다. 셸리의 「몽블랑」 역시 자연 앞에서 인간 정신이 겸허해지는 과정을 보여 준다. 그는 몽블랑의 광대함 속에서 "mind"가 우주의 흐름을 따라 흘러가는 듯한 인상을 받는다. 두 시 모두 자연을 단순한 풍경이 아닌, 인간 존재의 윤리적 또는 철학적 성찰의 계기로 삼는다. 다만 윤동주는 자신의 삶과 죽음을 윤리적 차원에서 바라보는 데 집중하고, 셸리는 우주적 질서와 정신의 연결에 대해 더 철학적으로 탐구한다. 두 시인은 모두 침묵 속에서 자연의 목소리를 듣고, 그것을 자기 성찰로 이어 간다. 이러한 자세는 자연을 단지 아름다움의 대상으로 보는 태도에서 벗어나, 내면 윤리와 우주 질서 사이의 가교로 보는 시선이다. 자연은 두 시인에게 인간 존재의 본질을 비추는 거울이자, 순수함을 지향하는 도덕적 공간이다.

○ **비교 분석 초점 2: 생태적 감수성과 존재의 고독**

「서시」에서 윤동주는 자연의 미세한 변화에도 마음이 흔들리는 존재로, 별과 바람 속에서 고요한 고독을 체험한다. 그는 "별을 노래하는 마음"으로 죽어 가는 존재를 사랑하며 생명에 대한 연민을 드러낸다. 이는 인간과 자연의 관계를 생태적 연대 속에서 이해하려는 감수성이다. 셸리 또한 「몽블랑」에서 자연을 절대적인 침묵과 힘의 상징으로 그리며, 인간 정신의 한계를 고백한다. 그는 "The everlasting universe of things"를 자연의 흐름으로 보고, 인간 정신이 그 안에 잠겨 있는 형상으로 묘사한다. 윤동주의 고독은 감정의 순수성과 윤리적 자기성찰에 뿌리를 두고 있으며, 셸리의 고독은 우주의 비밀에 다가가려는 철학적 긴장에서 비롯된다.

그러나 두 시인 모두 자연 속에서 인간의 고독을 해석하고 그것을 시로 승화시킨다. 이 고독은 단절이 아니라, 우주의 거대한 흐름 속에서 자기 자리를 찾으려는 노력이다. 자연과 하나 되고자 하는 시인의 마음은 생태적 감수성의 핵심이며, 이 점에서 두 시는 시대와 문화의 차이를 넘어 공명한다. 자연은 고독한 존재에게 언어 없이 말을 거는 파트너로 기능한다.

○ 비교 분석 초점 3: 이상향을 향한 시적 상상력과 비전

「서시」의 마지막 구절인 "오늘 밤에도 별이 바람에 스치운다"는 자연과 우주의 조화를 상징하며, 시인이 꿈꾸는 이상적 삶의 풍경을 암시한다. 그는 고통과 고뇌를 지나 도달한 깨달음의 경지에서, 삶을 투명하게 응시한다. 이러한 모습은 단순한 저항이 아닌, 내면의 평화를 향한 시적 이상향을 드러낸다. 셸리는 몽블랑이라는 물리적이자 상징적인 봉우리를 통해 인간이 도달하고자 하는 진리와 자유의 정점을 상상한다. "Mont Blanc yet gleams on high"는 이상향이 존재함을 믿게 하는 상징적 구절이다. 두 시 모두 고요하고 장엄한 자연의 이미지 속에서 인간의 미래적 지향을 그린다.

윤동주는 도덕적 삶, 셸리는 해방된 정신을 향한 시적 비

전을 제시한다. 둘의 이상향은 현실 도피가 아니라, 고통을 통과한 후에야 비로소 도달할 수 있는 성찰적 세계다. 이처럼 두 시인은 각각의 방식으로 인간 존재의 존엄성과 자연의 고요한 위대함을 하나의 시적 상상력으로 엮어 낸다. 이는 오늘날 지속 가능한 생명 세계를 위한 시의 본질적 가능성을 열어 주는 길이 된다.

아래는 윤동주의 「서시」와 셸리의 「몽블랑」을 비교한 요약표로, 각 시의 자연 인식, 존재론적 성찰, 그리고 이상향에 대한 시적 상상력이 어떻게 공통점과 차이점을 드러내는지 간결하게 정리했다.

윤동주 〈서시〉와 셸리 〈몽블랑〉 비교 요약표

비교 항목	윤동주 〈서시〉	셸리 〈몽블랑〉
자연 앞의 윤리적 태도와 내면 성찰	하늘과 바람 속에서 부끄럼 없는 삶을 지향하며, 자연을 윤리적 성찰의 거울로 삼음	자연의 압도적 힘 앞에서 인간 정신의 철학적 사유를 드러냄, 자연은 우주의 질서를 비추는 창
생태적 감수성과 존재의 고독	별과 바람 속에서 존재의 고독과 연민을 노래하며, 자연과 생명의 연대감 표현	우주의 침묵과 절대성 속에서 고독한 존재로서의 인간 인식, 자연은 정신의 거울
이상향을 향한 시적 상상력과 비전	도덕적 삶과 내면의 평화를 이상향으로 삼으며, 별을 통해 조화로운 세계를 꿈꿈	몽블랑을 이상과 자유의 상징으로 형상화, 자연을 통한 정신의 해방과 초월적 진리를 추구

셸리는 자연을 감상의 대상이 아니라, 인간 정신을 일깨우

고 사회 구조를 전복할 수 있는 역동적인 힘으로 보았다. 그의 시에서 자연은 바람과 불, 바다와 하늘로 구현되며, 인간의 고뇌와 이상, 저항과 희망을 이끄는 존재로 등장한다. 셸리는 자연과 인간이 긴밀히 연결되어 있으며, 인간이 자연의 질서와 조화를 이룰 때 진정한 자유와 정의에 도달할 수 있다고 보았다. 그는 자연을 해방과 재생의 공간으로 형상화하며, 시를 통해 자연과 인간의 통합을 시도하였다.

20세기 동양, 특히 한국의 식민지 상황에서 자연은 억압된 현실과 단절된 정체성 속에서 위로와 회복의 공간으로 나타났다. 자연은 단지 아름다움이나 감상의 대상이 아니라, 침묵과 사유, 윤리와 정화의 상징으로 작용했다. 자연과의 교감은 인간이 내면의 정직함과 윤리적 자아를 회복하는 통로로 기능했으며, 이는 서구적 이상주의와는 다른 방식의 관계 인식을 보여 준다. 자연은 고통과 순수, 그리움과 희망이 교차하는 장소로 자리 잡았다.

윤동주는 별과 하늘, 바람, 흙 등 자연의 요소들을 통해 인간 존재의 고독과 부끄러움, 그리고 회복과 이상을 노래했다. 그는 자연을 통해 자신의 내면을 성찰하고, 현실의 억압에 맞서는 조용한 저항의 힘을 길어 올렸다. 자연은 그에게 윤리적 거울이자 이상향의 상징이었으며, 시를 통해 자연과 인간이 다시 연결될 수 있다는 믿음을 표현하였다. 자연 속에서 자아를 묻고, 그 위에 다시 피어나는 생명을 상상함으로써 윤동주는 자연을 존재의 윤리적 기반으로 삼았다.

요컨대, 19세기 서양에서는 자연이 인간 정신의 이상을 상징하고 혁명적 변화를 촉진하는 힘으로 인식되었다면, 20세기 동양에서는 자연이 내면의 정화를 가능하게 하는 침묵과 회복의 공간으로 받아들여졌다. 셸리는 자연을 통해 사회와 인간 정신의 해방을 꿈꾸었고, 윤동주는 자연을 통해 자아의 윤리성과 존재의 순수를 회복하고자 했다. 두 시인 모두 자연을 인간과 분리된 타자로 보지 않고, 인간 존재의 본질적 일부로 인식했다는 점에서 공통점이 있다.

그러나 그 접근 방식은 각각의 시대와 문명적 맥락에 따라 감성적 실천과 윤리적 내면화로 차이를 보인다. 이들의 시는 자연과 인간의 관계에 대한 성찰을 통해, 오늘날 생태 문학이 나아가야 할 방향을 모색하게 한다. 즉, 셸리는 자연과 인간이 하나로 연결되어 있으며, 자연 회복이 곧 인간성 회복이라 보았다. 윤동주 역시 자연과 인간의 공존을 중시하였으나, 그는 자연을 현실적 저항의 공간이자 내적 순수성을 지켜 내는 보호막으로 보았다.

3.
시적 언어와 상징을 통한 생태적 메시지

셸리는 서풍과 폐허를 통해 혁명과 자연의 영속성을 상징화하며 사회 변혁을 촉구했다. 윤동주는 하늘, 바람, 별과 같은 자연의 요소를 통해 현실의 아픔과 내적 치유를 상징적으로 표현하며 식민지 현실 속에서도 인간적 순수성을 유지하고자 했다.

셸리의 「서풍의 노래」에서 인용된 "O Wind, If Winter comes, can Spring be far behind?"는 혁명적 변화와 새로운 희망을 의미한다. 윤동주의 「별 헤는 밤」의 "별 하나에 추억과 별 하나에 사랑과"는 내적 치유와 정신적 위안을 상징적으로 표현한다. 두 시는 각각 자연의 힘을 사회적 변화와 내적 평화의 상징으로 사용하며, 독자들에게 생태적 인식과 실천을 촉구하는 강력한 메시지를 전달한다.

셸리, 「서풍의 노래(Ode to the West Wind)」

I

O wild West Wind, thou breath of Autumn's being,
Thou, from whose unseen presence the leaves dead

Are driven, like ghosts from an enchanter fleeing,

Yellow, and black, and pale, and hectic red,

Pestilence-stricken multitudes: O thou,

Who chariotest to their dark wintry bed

The winged seeds, where they lie cold and low,

Each like a corpse within its grave, until

Thine azure sister of the Spring shall blow

Her clarion o'er the dreaming earth, and fill

(Driving sweet buds like flocks to feed in air)

With living hues and odours plain and hill:

Wild Spirit, which art moving everywhere;

Destroyer and Preserver; hear, O hear!

II

Thou on whose stream, mid the steep sky's commotion,

Loose clouds like Earth's decaying leaves are shed,

Shook from the tangled boughs of Heaven and Ocean,

Angels of rain and lightning: there are spread

On the blue surface of thine aëry surge,

Like the bright hair uplifted from the head

Of some fierce Maenad, even from the dim verge

Of the horizon to the zenith's height,

The locks of the approaching storm. Thou dirge

Of the dying year, to which this closing night

Will be the dome of a vast sepulchre,

Vaulted with all thy congregated might

Of vapours, from whose solid atmosphere

Black rain, and fire, and hail will burst: O hear!

III

Thou who didst waken from his summer dreams

The blue Mediterranean, where he lay,

Lulled by the coil of his crystalline streams,

Beside a pumice isle in Baiae's bay,

And saw in sleep old palaces and towers

Quivering within the wave's intenser day,

All overgrown with azure moss and flowers

So sweet, the sense faints picturing them! Thou

For whose path the Atlantic's level powers

Cleave themselves into chasms, while far below

The sea-blooms and the oozy woods which wear

The sapless foliage of the ocean, know

Thy voice, and suddenly grow grey with fear,

And tremble and despoil themselves: O hear!

IV

If I were a dead leaf thou mightest bear;
If I were a swift cloud to fly with thee;
A wave to pant beneath thy power, and share
The impulse of thy strength, only less free
Than thou, O uncontrollable! If even
I were as in my boyhood, and could be
The comrade of thy wanderings over Heaven,
As then, when to outstrip thy skiey speed
Scarce seemed a vision; I would ne'er have striven
As thus with thee in prayer in my sore need.
Oh! lift me as a wave, a leaf, a cloud!
I fall upon the thorns of life! I bleed!
A heavy weight of hours has chained and bowed
One too like thee: tameless, and swift, and proud.

V

Make me thy lyre, even as the forest is:
What if my leaves are falling like its own!

The tumult of thy mighty harmonies

Will take from both a deep, autumnal tone,

Sweet though in sadness. Be thou, Spirit fierce,

My spirit! Be thou me, impetuous one!

Drive my dead thoughts over the universe

Like withered leaves to quicken a new birth!

And, by the incantation of this verse,

Scatter, as from an unextinguished hearth

Ashes and sparks, my words among mankind!

Be through my lips to unawakened Earth

The trumpet of a prophecy! O Wind,

If Winter comes, can Spring be far behind?

윤동주, 「별 헤는 밤」

계절이 지나가는 하늘에는
가을로 가득 차 있습니다.
나는 아무 걱정도 없이
가을 속의 별들을 다 헤일 듯합니다.
가슴속에 하나둘 새겨지는 별을
이제 다 못 헤는 것은
쉬이 아침이 오는 까닭이요,
내일 밤이 남은 까닭이요,

아직 나의 청춘이 다하지 않은 까닭입니다.

별 하나에 추억과

별 하나에 사랑과

별 하나에 쓸쓸함과

별 하나에 동경과

별 하나에 시와

별 하나에 어머니, 어머니,

어머님, 나는 별 하나에 아름다운 말 한마디씩 불러봅니다.

소학교 때 책상을 같이 했던 아이들의 이름과,

패, 경, 옥, 이런 이국 소녀들의 이름과,

벌써 아기 어머니 된 계집애들의 이름과,

가난한 이웃 사람들의 이름과,

비둘기, 강아지, 토끼, 노새, 노루,

프랑시스 잠, 라이너 마리아 릴케

이런 시인의 이름을 불러 봅니다.

이네들은 너무나 멀리 있습니다.

별이 아스라이 멀 듯이,

어머님,

그리고 당신은 멀리 북간도에 계십니다.

나는 무엇인지 그리워

이 많은 별빛이 내린 언덕 위에

내 이름자를 써 보고,

흙으로 덮어 버리었습니다.

딴은, 밤을 새워 우는 벌레는

부끄러운 이름을 슬퍼하는 까닭입니다.

그러나 겨울이 지나고 나의 별에도 봄이 오면

무덤 위에 파란 잔디가 피어나듯이

내 이름자 묻힌 언덕 위에도

자랑처럼 풀이 무성할 거외다.

○ 비교 분석: 셸리의 「서풍의 노래」와 윤동주의 「별 헤는 밤」

두 시인은 서로 다른 시대, 문화, 언어 속에 살았지만, 자연에 대한 시적 감수성과 그것을 통해 인간과 세계를 바라보는 통찰에 있어 놀라운 공명대를 형성한다. 셸리의 「서풍의 노래」와 윤동주의 「별 헤는 밤」은 각각 바람과 별이라는 자연의 상징을 통해 시인이 꿈꾸는 재생과 회복, 이상과 소망의 메시지를 담고 있다.

「서풍의 노래」에서 서풍은 단순한 계절의 전령이 아닌, 죽은 생각을 날려 보내고 새로운 예언과 변화의 씨앗을 흩뿌리는 혁명적 존재로 형상화된다. 셸리는 "Drive my dead thoughts over the universe / Like withered leaves to quicken a new birth"라고 읊으며, 자연을 통한 정신의 재생과 인류의 각성을 외친다. 자연은 그에게 있어 변화와 저항, 예언과 재생의 에너지다.

반면, 「별 헤는 밤」의 윤동주는 별을 통해 기억과 정서, 내면의 시공간을 여행한다. 그는 별 하나하나에 사랑과 시, 어머니, 추억을 새기며 "무엇인지 그리워" 이름을 부르고, 존재의 외로움 속에서도 조용히 자신의 이름자를 묻고, 다시금 봄날에 피어날 잔디처럼 회복을 기약한다. 자연은 내면의 고통과 연결되는 치유의 공간이며, 별은 순결하고 깊은 감정의 우주다.

두 시 모두 생태적 상징을 통해 인간의 정신적 고양을 이끈다. 서풍과 별은 각각의 시인이 처한 사회적 억압, 내면적 고독을 초월하게 하는 상징이며, 자연은 정적이 아니라 능동적이고 예언적인 존재로 제시된다. 셸리는 자연의 격렬한 힘 속에서 인간 정신의 예언적 확장을 상상했고, 윤동주는 별빛 아래서 고통의 고백과 더불어 조용한 회복의 가능성을 품었다.

결국 두 시인은 자연을 통해, 고통의 순간에도 다시 시작할 수 있는 시적 상상력을 제안한다. 그 상상력은 단지 회피가 아니라, 시를 통한 현실의 초월과 인간 영혼의 자각을 동반하며, 오늘날 생태적 감수성과 함께 지속 가능한 삶에 대한 새로운 사유를 가능케 한다.

○ **비교 분석: 윤동주의 「간」과 셸리의 「해방된 프로메테우스」**

윤동주의 시 「간」은 짧은 시 속에 존재의 고통과 자각, 그리고 그 너머의 윤리적 의지를 강하게 담고 있다. "어디다 내 한 몸 놓고 / 조용히 살 곳은 없는지"라는 절규는 식민지 상황 속에서의 내면적 고통을 드러냄과 동시에, 세상과 역사 앞에서 자신의 '간'을 꺼내어 보이며 진정성과 정직함을 증명하고자 하는 희생의 의지를 담고 있다.

셸리의 『해방된 프로메테우스』 역시 고통 속에서도 인간 정신이 어떻게 자유와 사랑, 연대의 힘으로 억압을 극복해 나갈 수 있는지를 보여 준다. "To love, and bear; to hope till Hope creates…"라는 구절은 윤동주의 내면에서 피어나는 희망과도 연결된다.

윤동주, 「간」 전문

바닷가 햇빛 바른 바위 위에
습한 간(肝)을 펴서 말리우자,

코카사쓰산중(山中)에서 도망해온 토끼처럼
둘러리를 빙빙 돌며 간을 지키자,

내가 오래 기르던 여윈 독수리야!
와서 뜯어 먹어라, 사름없이
너는 살지고
나는 여위어야지, 그러나,

거북이야!
다시는 용궁(龍宮)의 유혹에 안떨어진다.

프로메테우스 불쌍한 프로메테우스
불 도적한 죄로 목에 맷돌을 달고
끝없이 침전(沈澱)하는 프로메테우스.

셸리, 「해방된 프로메테우스」 발췌

To suffer woes which Hope thinks infinite;
To forgive wrongs darker than death or night;
To defy Power which seems omnipotent;
To love, and bear; to hope till Hope creates
From its own wreck the thing it contemplates...

○ 비교 분석 및 생태적 상징

 윤동주의 「간」과 셸리의 『해방된 프로메테우스』는 두 시인의 대표작 중 하나로 꼽힌다. 두 시는 공통적으로 인간 내면의 고통과 고통을 감내하는 윤리적 자아를 형상화하고 있다. 두 시에서 드러나는 고통과 인내는 인간의 존재론적 무게에 중심을 두고 있고, 셸리의 시 역시 자기 파괴를 통한 새로운 창조의 가능성을 피력한다. 윤동주의 시에서 드러난

나약한 인간의 고통과 책임감은 셸리의 시에서는 프로메테우스가 추구하는 권력에 맞선 저항적 인물로 재탄생한다.

이 두 시의 공통된 생태적 특징과 상징은 역시 고통에 대응하는 인내와 회복력이다. 이 시의 화자들은 자연이 가진 생명력과 재생력을 기반으로 고통에 정면으로 대항하며 다시 살아 낼 수 있는 가능성을 증명한다. 「간」에서 생태적 치유의 기억과 인간 본성의 회귀성은 『해방된 프로메테우스』에서는 인간과 자연을 잇는 공간이자 감각으로 치환된다. 두 시에서 드러나는 자연 또는 자연적 특성은 단순한 배경이 아니라, 고통을 초월하여 새로운 윤리적 감각과 생명관을 일깨우는 생태적 기호로 작동한다.

결국 윤동주와 셸리는 고통스러운 지금의 현실에 직면해 있으나 그것을 견디고 초월해 내려는 윤리적 태도를 지니고 있다. 두 시인이 처한 현실의 고통이란 윤동주의 현실에서는 식민지 치하에서의 정체성의 위기일 것이고, 셸리에게는 신화적 억압과 사회 체제 전반이라고 볼 수 있다. 윤동주는 식민지 치하의 국민이라는 작고 나약한 존재가 커다란 윤리적 결단 앞에서도 저항하는 자세를 보여 주고, 셸리는 프로메테우스를 통해 진정한 해방과 재생을 꿈꾼다. 두 시인의 시에서의 생태적 상징은 시는 물론 시인들의 진실함과 변혁의 가능성에 대한 믿음으로 드러난다.

두 시인은 각각의 언어로 새로운 세상을 향한 변화를 꿈꾸고 있다. 시는 고통에서 출발하였으나 고난을 딛고 일어서는 내면의 강인함을 통해 진정한 자유와 새로운 시대를 맞을 수 있다는 가능성과 희망을 제시하고 있기 때문이다. 「간」과 『해방된 프로메테우스』의 메시지는 오늘날에도 여전히, 미래 세대를 위한 윤리적 감수성과 생태적 상상력의 함양을 위해 유용하다.

V

결론

지금까지의 논의를 통해 핵심을 정리하면 다음과 같다.

셸리는 1792년 영국에서 태어난 낭만주의 시대의 대표적인 시인으로, 그의 생애는 열정적인 이상주의와 사회 변혁의 열망으로 가득 차 있었다. 셸리는 옥스퍼드 대학 시절부터 급진적인 정치적 견해와 자유주의적 사상으로 인해 퇴학당한 뒤, 평생을 사회적 불의와 압제에 맞서 싸우며 혁명적 이상을 추구했다. 그는 자연과 인간의 본질적인 통합을 강조하면서도, 당시 산업혁명으로 인한 인간성 상실과 자연 파괴를 깊이 비판하였다. 1822년 불과 서른 살의 젊은 나이에 이탈리아에서 보트를 타고 항해하던 중 폭풍우로 인해 생을 마감했지만, 그의 시적 유산은 오늘날까지 자연과 인간의 조화로운 관계에 대한 성찰을 자극하고 있다.

한편, 윤동주는 1917년 북간도에서 태어나 일제강점기라는 암울한 시대를 살아 낸 한국의 대표적 민족 시인이다. 윤동주는 일본 유학 시절 민족적 자각과 깊은 내적 성찰 속에서 끊임없이 시를 창작하며 저항의 정신을 키워 나갔다. 그의 시는 억압된 현실 속에서도 인간의 순수성과 이상을 잃지 않으려는 내면의 갈등과 고뇌를 고스란히 담고 있다. 그러나 윤동주는 민족적 저항과 자유를 노래하던 중 1945년 일본 경찰에 체포되어 후쿠오카 형무소에서 옥중 생을 마감하였다. 그의 대표작 『하늘과 바람과 별과 시』는 식민지 현실 속에서도 자연과 인간 내면의 순수한 교감을 통해 희망과 치유의 가능성을 제시하고 있다.

서로 다른 시공간 속에서 살았지만, 퍼시 비시 셸리와 윤동주는 공통적으로 자연을 통해 인간의 순수성과 사회적 이상을 추구한 시인들이다. 두 시인의 삶과 작품은 오늘날까지 지속 가능한 사회를 위한 생태적 성찰과 저항의 중요성을 환기시키며 깊은 울림을 주고 있다.

1.
생태적 저항과 이상향의 문학적 의미

셸리와 윤동주의 작품은 자연을 통한 저항과 이상향 추구가 갖는 문학적 의미를 잘 드러낸다. 이들은 각각의 시대적 조건 속에서 자연을 인간 내면과 사회적 변혁을 위한 중요한 매개체로 활용하였다. 셸리와 윤동주의 작품은 자연을 통한 저항과 이상향의 추구가 문학적 차원에서 깊은 의미를 가짐을 보여 준다.

셸리와 윤동주의 문학은 단순한 자연 예찬이 아니라, 자연을 통해 인간 내면과 사회를 성찰하고 변화시키려는 시적 실천의 장이다. 두 시인은 자연을 외부의 대상이 아닌, 고통과 희망, 기억과 재생의 감각을 내포한 살아 있는 존재로 인식했다. 셸리는 서풍, 프로메테우스, 해방이라는 상징을 통해 자연의 격렬한 힘을 예언과 혁명의 동력으로 승화시켰다. 윤동주는 별과 바람, 흙냄새 속의 자연을 인간의 내면과 연결되는 치유의 공간으로 그려 내며 순수성과 저항을 동시에 품었다.

이러한 시적 상상력은 억압과 상처를 고백하는 동시에, 그 속에서 다시 일어설 수 있는 생명의 가능성을 열어 보인다. 자연은 시인에게 있어 정적인 배경이 아니라, 인간과 세계를 연결하는 존재론적 통로였다. 셸리의 시에서 바람은 새로운 시대를 부르는 나팔이었고, 윤동주의 별은 고요한 윤리적 시선을 담은 거울이었다. 그들의 언어는 자연 속에 잠든 인간의 진실을 깨우며, 시가 갖는 변형의 힘을 실현한다. 생태적 저항은 이처럼 감성적이면서도 철학적인 실천이자 상상이며, 이상향은 그 실천 속에서 형상화되는 내면의 윤리적 풍경이다. 따라서 이들의 문학은 생태적 감수성을 회복하고, 상처 입은 세계와 인간을 위로하며, 미래를 위한 사유를 열어 주는 시적 선언이다.

2.
현대 생태문학과의 연계 가능성

두 시인의 작품은 현대 생태문학이 자연과 인간의 공존을 탐구하는 데 중요한 출발점이 될 수 있다. 이들의 생태적 감수성과 저항 정신은 현대 환경 문제에 대한 문학적 성찰의 기반을 제공한다. 이들의 생태적 감수성과 저항 정신은 현대 생태문학에서 중요한 참조점과 지속적 논의의 출발점이 될 수 있다.

셸리와 윤동주의 생태적 감수성과 저항 정신은 오늘날의 생태문학이 지향해야 할 상상력의 원형을 제공한다. 현대 생태문학은 단순한 환경 보호 담론을 넘어서, 인간 존재의 위기와 세계 시스템의 재편에 대한 근본적 성찰을 요구하고 있다. 이 점에서 두 시인은 각각 자연과 인간, 윤리와 감성, 저항과 치유를 엮어 낸 시적 사유의 선구자라 할 수 있다.

셸리의 바람과 불, 윤동주의 별과 흙은 단순한 자연물이 아니라, 생명과 의미의 회복을 가능케 하는 상징 체계이다.

이들의 시는 인간 중심주의에서 벗어나 자연과의 관계를 근본적으로 재구성하고자 하는 생태문학의 핵심 지향과 맞닿아 있다. 생태적 세계관은 이들의 시를 통해 윤리적 감수성과 시적 상상력의 통합으로 실현된다.

특히, 파괴된 세계 속에서도 재생과 희망을 노래하는 그들의 시는 기후위기 시대를 살아가는 현대 독자에게도 깊은 울림을 전한다. 생태문학은 더 이상 주변적 장르가 아니라, 새로운 인식 전환의 문학으로 요청되고 있으며, 셸리와 윤동주의 시는 그 출발점이자 귀환점이 될 수 있다. 이러한 문학은 인간의 내면과 세계의 회복을 동시에 요청하는 시대적 메시지를 담고 있다. 따라서 이들의 시는 생태문학의 고전으로 재조명될 충분한 가치가 있으며, 오늘날 지속 가능한 삶을 모색하는 모든 문학적 기획에 핵심적인 참고점으로 기능할 수 있다.

3.
지속 가능한 사회를 위한 시적 상상력

셸리와 윤동주의 시적 상상력은 지속 가능한 사회를 구축하는 데 필요한 생태적 인식과 실천의 토대가 될 수 있다. 이들의 생태적 메시지는 현대 사회가 자연과의 조화를 통해 지속 가능한 미래를 열어 가는 데 중요한 영감을 제공한다.

셸리와 윤동주의 시적 상상력은 지속 가능한 사회를 향한 생태적 실천과 이상을 고취하는 데 있어 핵심적인 문학적 유산이다. 이들의 시는 인간과 자연의 관계를 재구성하고, 파괴가 아닌 회복의 언어를 창조하는 데에 집중한다. 셸리는 혁명적 자연의 힘을 통해 억압받는 정신의 해방을 상상하였고, 윤동주는 별과 흙, 바람과 침묵을 통해 내면의 윤리적 성장을 그려 냈다. 이들은 모두 자연을 인간 중심적 욕망의 도구가 아닌, 공존의 주체로 받아들였다. 지속 가능한 사회란 기술이나 제도만이 아닌, 상상력과 감수성의 토대 위에 가능하다는 믿음이 이들의 시 속에 내재되어 있다. 이 상상력은 공동체적 연대와 고통의 치유를 전제로 하며, 미래 세대와 비인간 존재를 포함한 보다 넓은 생명 공동체를 사유하게 한다. 그들의 시는 '다시 쓰는 세계'를 위한 윤리적 언어이자, 생태적 전환을 이끄는 감정의 지도이다. 독자들은 이 시를 통해 삶의 방식과 감각을 바꾸는 실천의 계기를 마련할 수 있다. 셸리와 윤동주의 언어는 오늘날에도 여전히 살아 있으며, 지속 가능성을 향한 문학적 사유의 등불이 된다. 그러므로 이들의 시적 상상력은 생태적 위기 속에서도 새로운 세계를 꿈꾸게 하는 창조적 자산이다.

나가는 글

생태낭만주의 시대를 향하여
— 퍼시 셸리와 윤동주의 낭만적 저항과 생태적 비전

  2020년 초, 우리는 신종 전염병으로 인한 사회생태 시스템의 전복 위기와 글로벌 시대라는 말이 무색한 국경 폐쇄 및 동일 집단 격리(Cohort Isolation) 등을 경험했다. 비상 상황에서는 공동체 차원의 협력 없이는 문제해결이 거의 불가능한 이 시대에 예기치 못한 위기에 대응하는 준비는 늦지 않아야 하며, 인류의 생존권을 위협받는 오늘의 충격과 불안을 경감시킬 수 있는 실제적 방안은 모든 분야에서 강구되어야 한다.

  인문학 분야에서는 각자의 소시민적 의지를 발동시킬 인식의 변화를 가능하게 하려는 노력에 착수해야 한다. 이 노력의 예시는 일종의 시적 모험을 감수해야만 하는 생태시인들의 작품에서 낭만성, 저항성, 개혁의 의지, 실천적 의지, 시스템의 전복, 불안한 자아를 생태적 관점의 미학으로 형상화하는 과정으로 재현될 수 있다. 이 형상화의 양상이 낭만주의 시와 시인들이 공유하는 특성이자 특히 셸리의 시세계를 규정해 온 부분이기도 하다.

본 연구 주제와 가장 연관성이 높고 생태비평에 관한 전문 연구와 학술활동이 활발한 학회에 본 연구를 소개하는 것을 목표로 현재 본 연구 결과를 토대로 논문을 작성하고 있다. 그 외에도 최근의 이슈와 시의성이 있는 문학 텍스트에 대한 논의로 학술대회 등을 개최하는 국내, 국제 학술대회에 대한 정보가 있다면, 추가로 발표 및 투고를 검토할 수 있다.

거대한 의식의 전환이 필요한 생태위기의 시대에는 인간과 자연에 대한 (비)인본주의적 공감심을 가진 상징적 인물들의 활약이 필요하다. 본 연구의 연장선상에서 현대영미권의 작가들과 한국의 작가와 작품 중 실천의식이 드러나는 사례를 선별하고 실천하는 인간이 필요한 시대임을 강조하는 후속 연구가 가능해질 수 있음을 확인하였다. 인류사에서 자아탐구, 상상력, 실천의식, 생태의식을 통해 인문학적 실천의식의 모델이 된 인물들을 발굴하고 생태낭만주의 시대의 실천 의식과 소시민(론)에 대해 확장할 수 있다면 본 연구의 가장 큰 성과이자 인문학의 역할을 증명하는 셈이 될 것이라고 기대해 본다.

이 책에서 초점을 두었던 두 시인 사이의 연관성은 증명되었다고 할 수 있다. 저항의 시대를 살았던 두 시인의 낭만성을 이미 검증되어 왔고, 이들 각각의 낭만성, 생태성, 저항성은 각각의 작품들을 근거로 할 때 인정할 만하다. 미래를 위한 혁명적 사상과 비전을 드러내는 방식은 두 시인 모두

문학적 실천의 방식이었으며 오늘날 이는 넓은 범주에서의 생태적 인식으로 판단할 수 있다.

두 시인의 작품, 생애, 시와 시론의 연구는 낭만주의 생태비평이라는 주제와 생태적 인식을 중심으로 다루었으며 구체적으로는 『해방된 프로메테우스』, 『고독의 영, 얼래스터』, 『시의 옹호』와 『하늘과 바람과 별과 시』 전반에 드러나 있다. 윤동주의 경우 일부 산문을 통해서도 확인 가능하다.

무엇보다 현대 영미시 분야에서의 생태시와 시인에 대한 연구는 아주 활발하다고 보기는 어렵다. 문학 연구의 특성이 그러하겠지만 학제간 연구의 성격이 짙으면서도 인문학적 사유와 성찰을 근거로 검토하는 작업이기 때문이다. 또한 본 연구에서 제시하려는 생태낭만주의라는 용어의 검토 문제는 여전히 진행 중이다. 연구의 확장 가능성은 분명히 존재하나 새로운 용어나 공통된 용어의 제안은 어려운 일이다. 본 연구에서 최종적으로 검토하고자 하는 낭만주의 생태비평, 또는 생태낭만주의에 대한 논의는 보다 심층적으로 접근할 필요가 있다고 판단하게 되었다.

셸리와 윤동주는 각각의 시대와 공간에서, 자연을 통해 고통받는 인간성과 왜곡된 세계에 저항하며 새로운 삶의 비전을 제시한 시인이었다. 이들의 시에는 생태적 감수성과 낭만적 이상주의가 결합되어, 억압의 현실 속에서도 내면의 윤리와 외부 세계의 회복을 동시에 꿈꾸는 상상력이 살아

숨 쉰다. 셸리는 바람과 불, 혁명의 이미지를 통해 변화의 힘을 상징하였고, 윤동주는 별과 침묵 속에서 인간의 진실과 순수성을 회복하고자 하였다. 두 시인은 자연을 정적인 배경이 아니라, 존재론적 통로이자 저항의 언어로 끌어안으며 새로운 세계를 향한 예언적 시선을 열어 보였다.

생태적 저항, 변형성, 재생 가능성, 시적 윤리, 비인간 존재와의 공존 등 이들의 시에 깃든 사유는 오늘날 생태문학의 철학과도 긴밀하게 연결된다. 이들은 '시를 통해 살아 낸다'는 믿음을 바탕으로, 삶의 감각과 방향을 바꾸는 시적 실천의 전범이 되었다. 오늘날 우리는 이들의 시를 단지 과거의 유산으로 남기는 것이 아니라, 미래를 위한 생태적 사유의 교과서로 삼아야 한다.

셸리와 윤동주의 언어는 인간 중심주의를 넘어서 생명 전체를 끌어안는 문학적 전환의 가능성을 보여 준다. 생태낭만주의는 이처럼 고통을 넘어선 사랑, 억압을 넘어선 상상, 절망을 넘어선 시의 윤리를 요청하는 문학적 자세이다. 그리고 그것은 지금 여기, 지속 가능한 세계를 꿈꾸는 우리에게 더욱 절실한 문학의 자리이기도 하다.

참고문헌

김성연. 「윤동주 평전의 질료와 빈 곳 - 윤동주와 박치우의 서신, 그 새로운 사실과 전망」, 『한국시학연구』 (61), 2020. pp.9~41.

김욱동. 『시인은 숲을 지킨다』, 범우사, 2001.

―――. 『생태학적 상상력: 환경위기 시대의 문학과 문화』, 나무심는 사람, 2003.

김종욱. 『불교생태철학』, 서울: 동국대학교출판부, 2004.

김천봉. 『셸리 시의 생태학적 전망』, 한국학술정보, 2006.

류양선 외. 『윤동주 시인을 기리며: 탄생 100주년 기념논집』. 창작산맥. 2017.

문순홍. 『생태학의 담론, 담론의 생태학』, 솔, 1999.

문익환. 「동주형의 추억」, 『하늘과 바람과 별과 시』, 정음사, 1968.

민병천. 「공화주의 사상의 변용적 계승으로서의 낭만주의 시론: 셸리의 『시의 옹호』를 중심으로」, 『18세기영문학』 13(2), 한국18세기영문학회, 2016. pp.1~30.

박경화. 「셸리의 「자연식의 옹호」: 채식주의와 사회 개선과의 상관관계」, 『영어영문학연구』 45(1), 대한영어영문학회, 2019. pp.41~64.

―――. 「셸리의 『무질서의 가면』: 노동자의 온전한 권리회복을 위한 비폭력 저항」, 『영어영문학연구』 45(3), 대한영어영문학회, 2019. pp.41~68.

박호영. 「일제 강점기 혁명적 낭만주의 이입 연구 - 바이런과 셸리를 중심으로」, 『한중인문학연구』, 한중인문학회 (28), 2009. pp.19~38.

손민달. 「1940년대 시에 나타난 전통 생태의식 연구 - 윤동주와 이육사 시를 중심으로」, 『한민족어문학』 (53), 한민족어문학회, 2008. pp.363~402.

송상용, 우찬제, 김원중, 신두호 외. 『생태문제와 인문학적 상상력』, 나남출판, 1999.,

송우혜. 『윤동주 평전』(제3차 개정판). 서정시학, 2014.

송희복. 「윤동주의 삶과 시를 보는 관점의 확대와 심화」, 『국제언어문학』 (36), 2017. pp.355~86,

신철하. 「한국 현대문학의 생태학적 고찰」, 『상허학보』 16, 상허학회, 2006. pp.441~476.

윤동주. 『하늘과 바람과 별과 시』, 권영민 편, 문학사상사, 1995.

윤여탁. 「윤동주 시의 위상과 문학교육」, 『한국 근현대시와 문학교육』, 태학사, 2017.

이숭원, 「정지용 시가 윤동주에게 미친 영향」, 『한국시학연구』 46, 한국시학회, 2016. pp.11~36.

이승하. 「일제하 기독교 시인의 죽음의식 - 정지용, 윤동주의 경우」, 『어문론집』 27, 중앙어문학회, 1999. pp. 133~61.

양승갑. 「셸리의 생태학적 이상」, 『영어영문학』 49(1), 한국영어영문학회, 2003. pp.75~99.,

장성현. 「셸리의 프로메테우스적 언어: 혁명, 사랑, 상상력의 언어」, 『19세기 영어권 문학』 21(2), 19세기영어권문학회, 2017.

pp.81~111.

정선영. 「생태적 사상가로서의 시인의 책무 - 셸리의 「시의 옹호」와 스나이더의 「우주의 한 마을」을 중심으로」, 『문학과환경』 11(2), 문학과환경학회, 2012. pp.131~163.

　　　. 『셸리, 제퍼스, 스나이더의 생태적 인식과 실천』, 전남대학교 박사학위 논문, 2016.

정인돈. 『셸리의 『프로메테우스』 해설: 집주판』, 강남대학교출판부, 2007.

최동오. 「윌리엄 워즈워스의 심층생태론적 상상력에 관한 연구」, 『현대영미어문학』 23(3), 현대영미어문학회, 2005. pp.33~51.

　　　. "William Wordsworth and the Humankind/Nature Relation: An Ecocritical Introduction", 『현대영어영문학』 55(2), 한국현대영어영문학회, 2011. pp.229~250.

　　　. 「낭만시와 박물학적 상상력」, 『인문학연구』 38(2), 인문과학연구소, 2011. pp.119~138.

　　　. 「낭만주의 생태비평 연구」, 『인문학연구』 48(2), 인문과학연구소, 2014. pp.291~312.

　　　. 「낭만주의 생태비평과 코울리지의 자연의 비전」, 『인문학연구』 50(4), 인문과학연구소, 2014. pp.411~431.

　　　. 「워즈워스와 생태비평」, 『현대영어영문학』 63(2), 한국현대영어영문학회, 2019. pp.153~169.

Abrams, M. H. The Norton Anthology of English Literature. Vol. II. New York: W. W. Norton & Company, 2012.

Bate, Jonathan. "From 'Red' to 'Green'." The Green Studies Reader: From Romanticism to Ecocriticism. Ed. Laurence Coupe. London and New York: Routledge,

2000. 167-72.

. The Song of the Earth. London: Picador, 2000.

Behrendt, C. Stephen. Shelley and His Audiences. London: Nebraska UP. 1989.

Bloom, Harold, Shelley's Mythmaking. New Haven: Yale UP, 1959.

. Shelley's Mythmaking. New York: Cornell University Press, 1969.

. Shelley's Mythmaking. New York: Cornell University Press, 1969.

. The Anxiety of Influence: A Theory of Poetry. New York: Oxford University Press, 1973.

. Percy Bysshe Shelley: Comprehensive Research and Study Guide. Bloom's major poets. Broomhall, PA: Roundhouse, 2001.

Buell, Laurence. Writingfor an Endangered World: Literature, Culture, and Environment in the U. S. and Beyond. Cambridge, MA, and London: Harvard UP, 2001.

. The Future of Environmental Criticism: Environmental Crisis and Literary Imagination. Oxford: Blackwell, 2005.

Byerly, Alison. "The Uses of Landscape." The Ecocriticism Reader: Landmarks in Literary Ecology. Eds. C. Glotfelty and H. Fromm. London: Georgia UP, 1996. 52-68.

Cameron, Kenneth Neill. Shelley: the Golden Years. Cambridge: Harvard UP, 1974.

Carson, R. Silent Spring. London: Penguin, 1999.

Clark, Timothy & Jerold Hogle. Evaluating Shelley. Edinburgh: Edinburgh UP. 1996.

Coupe, Laurence. The Green Studies Reader: from Romanticism to Ecocriticism. London: Routledge, 2000.

Devall, Bill and George Session. Deep Ecology. Salt Lake City: Gibbs Smith, Publisher Peregrine Smith Books, 1985.

Drucker, Peter. The Ecological Vision. New Brunswick, NJ and London: Transaction Publishers, 1993.

Garrard, Greg. Ecocriticism. London & New York: Routledge, 2004.

Gifford, Terry. Pastoral. London: Routledge, 1999.

Hogle, Jerrold. Shelley's Process; Radical Transference and the Development of His Major Works. Oxford: Oxford UP, 1988.

Hutchings, Kevin. "Ecocriticism in British Romantic Studies." Literature Compass 4/1 (2007): 172-202.

Keach, William. Shelley's Style. New York & London: Methuen & Co. Ltd., 1984.

King-Hale, Desmond. Shelley: His Thought and Work. New York: The Macmillan Press Ltd., 1971.

Kroeber, K. Ecological Literary Criticism: Romantic Imagining and the Biology of Mind. New York: Columbia UP, 1994.

Morton, Timothy. Shelley and the Revolution in Taste: The Body and the Natural World. Cambridge: Cambridge UP, 1995.

Morton, Timothy. The Ecological Thought. Harvard University Press, 2012.

Myerson, George. Ecology and End of Postmodernity. Icon Books Ltd., London, 2001.

Nixon, Rob. Slow Violence and the Environmentalism of the Poor. MA: Harvard UP, 2011.

Shelley, P. Bysshe. The Prose Works of Percy Bysshe Shelley. Vol. I, II. London: Chatto & Windus, 1906.

. The Complete Poetical Works of Percy Bysshe Shelley. Ed. Thomas Hutchinson. London: Oxford UP, 1914.

. The Letters of Percy Bysshe Shelley. Vol. I, II. Ed. Frederick L. Jones. Oxford: The Clarendon Press, 1964.

. Shelley's Poetry and Prose. Eds. Donald H. Reiman and Sharon B. Powers. London: W. W. Norton & Company, 2002.

Shelley, Percy Bysshe. The Selected Poetry and Prose of Shelley. Edited by Harold Bloom. New York: New American Library, 1966.

. Percy Bysshe Shelley. Edited by Harold Bloom. New York: Chelsea House Publishers, 1986.

White, Lynn, Jr. "The Historic Roots of Our Ecologic Crisis." The Ecocriticism Reader: Landmarks in Literary Ecology. Eds. Cheryl Glotfelty and Harold Fromm. London: Georgia UP, 1996. 3-14.